栴檀林中曾無散木　靈山會上豈有凡夫

毗尼止持會集（上）

多智慧人能取能捨　諸愚癡人不能分別

讀體大師◎著

毘尼止持會集

凡例

一律分眾部。起自異執。哲人宏範。理合融收。按舍利弗問經中。舍利弗言。如來正法。云何少時分散如是。既失本味。云何奉持。少時者。謂佛滅度三四百年中。佛言。摩訶僧祇其味純正。其餘部中。如被添甘露。諸天飲之。但飲甘露。棄於水去。人間飲之。水露俱進。或時消疾。或時結病。其讀誦者。亦復如是。多智慧人。能取能捨。諸愚癡人。不能分別。文是知諸部之分。出乎異見。取捨之法。識自聖言。故玆集雖以曇無德部爲宗。然於他部互有發明者。悉採用之。此亦南山律祖集大成之式也。問。旣云摩訶僧祇。其味純正。何不宗之。反宗四分。豈非飲添水之甘露耶。答。玆藏中四十卷之僧祇者。上古諸師。皆判爲略本。故所不宗。蓋文少義闕。而又不合二百五十戒數故也。今宗曇無德四分律者。蓋是南山聖師之所宗。故自唐以降。皆宏通故。二百五十戒相。悉具足故。犍度有歸。無紊亂故。余今宗之。復何疑焉。

一律制嚴詳。譯文重沓。初機簡閱。不無浩繁之歎。今爲便覽。故節要文。然於義理。并無增損。

一戒因事制。有緣方興。故於條下先出犯緣。須知栴檀林中。曾無散木。靈山會上。豈有凡夫。斯皆大權示現。密護僧倫。請佛制戒。助揚法化。如閱讀者。當生欽信。慎勿眇視。以取慢尤。故善見毘婆沙律云。若長老聞此不淨行。慎勿驚怪。何以故。如來憐愍我輩。爲結戒故。說此惡言。若不說者。云何得知波羅夷。偷蘭遮。突吉羅。若法師爲人講聽者愼勿露齒笑。若有笑者驅出。何以故。佛憐愍衆生。金口所說。汝等應生慚愧心聽。何以笑。

一諸部繙譯。音雖不同。義實無別。由其五天各異。語有重輕。今皆做古所述。或註文下。或贅卷末。以省檢討。

一五篇戒相。各有根本等流。性罪遮罪。並所起煩惱。性。謂本性是罪。遮。謂因制方犯。又性罪惟染心中作若遮罪通染不染。惟薩婆多論。明其本流獨善見律。判其性遮。據律攝中。出其煩惱。今於每戒下有無。咸依藏錄一無私增。若準義推。例亦可曉。

一每戒之下。約有八科。一制戒緣起。二依律釋文。三結罪重輕。四兼制餘眾。五應機隨開。六會採諸部。七經論引證。八附事便考。然此八科有無不定。臨文自見。至於戒條正文書皆頂格。餘者俱下一字。若用本部。但標律云。或第幾分等字。

若用他部則別標名以識之。便於稽考藏函。

一律有止作二持。止持惟顯開遮之法。作持方攝誦戒之規。有依佛陀耶舍所譯說戒別本而成集者。斯乃用別集廣止作不分。今此集專覈止持一門。故但明二百五十戒相。所以卷首不錄布薩偈文和白等法。至於作持說戒篇中。自當錄附釋之。庶無糅於止作也。

一經通餘說。律唯佛制。等覺已下。猶非所堪。況諸小聖。輒敢措詞。良以如來行果極圓。窮盡眾生輕重業性。是故毘尼唯佛制立。自餘下位。但可依承。不同經論。許容他說。故余欽此。無敢穿鑿。釋義出事。皆如律藏成文。重治輕開。咸遵金口所說。

綱要

一經教利生。普被諸有。或在天上龍宮。或居祇園鷲嶺。或在王臣舍宅。或於曠野林泉。惟觀根器。應緣化導。凡從聽者。曾無遮揀。律則不爾。若於他處有犯。必在僧中結戒。縱尼有漏。制亦憑僧。

一則令諸比丘。慚愧欽遵。謹護無作。次則遮障外人。恐生譏嫌。不敬僧倫。是故毘尼乃佛內制。獨大僧持。猶如國王秘藏。匪許外臣所知。若白衣沙彌。設先覽者。後欲登壇。不聽進具。由犯賊住。是名重難。所以戒因緣經序云。天竺持律。不都通視。唯諸十二法人。堅明之士。乃開緘縢而共相授。耶舍見囑。見誨諄諄。人可使由之。不可使知之。其言至切。乃自是也。文　邇來義學兼講僧律。不揀白衣沙彌。槩容坐聽。雖云法施。實爲犯法。欺侮嚴制。罪將焉逃。所冀凡為師承。及居上座。若睹白衣沙彌。翻閱律部。並此集者。當慈語教誡。使勿披覽。此則自他俱利。法道可昌。

一戒德難思。功逾眾行。初因極果以為元基。淨邦樂報以為根本。險途示迷。此為良導。苦海得濟。此為舟航。由是賢聖所修。諸佛所證。乃至人天暫樂。惡道永離。無越乎戒。故我釋迦世尊。始自鹿苑。終於鶴樹。五時所演一大藏教。多讚戒法。不特一佛推重毘尼。卽十方三世一切如來出現利生說法皆然。若離戒修行。冀超三界。猶無足欲行。無翅欲飛。無船欲渡。詎可得也。

一戒有三種。果因互成。論得不同。據用則共。謂第一波羅提木叉戒。即律儀戒。第二禪戒。即定共戒。定是靜攝。入定之時。自然三業調善。諸惡不起。第三無漏戒。即道共戒。道是能通。發眞以後。自無毀犯。如初果耕地。蟲離四寸。是道共力。此二戒法。旣是心上勝用。力能發戒。道定與律儀並起。故稱爲共。今毘尼藏。正詮律儀。亦攝定道。

由持淨戒。禪定智慧。功德發生。則律儀爲因。定道爲果。由禪無漏力。性業遮業。悉得清淨。則木叉爲果。定道爲緣。故律中令諸比丘。增心增慧。薩婆多論云。此波羅提木叉戒。若佛出世則有。佛不出世則無。禪無漏戒。一切時有。波羅提木叉戒。從教而得。禪無漏戒。不從教得。又波羅提木叉戒。但佛弟子有。禪戒外道俱有。夫能維持佛法。有七眾在世間。三乘道果。相續不斷。盡以波羅提木叉而爲根本。禪無漏戒不爾。是故於三戒中最爲殊勝。

一持律者，須知輕重開遮。決斷疑悔。始令正法久住不斷。故第四分云。有五法名爲持律。一知犯。二知不犯。三知輕。四知重。五廣誦二部戒。又五法。四如前。五廣誦毘尼。又五法。四如前。五謂住毘尼而不動。又五法。四如前。五諍事起善能滅除。又善見律云。律師有三法。一本毘尼藏謂爲律師者。必本於毘尼。諷誦通利。句義辯習。文字不忘。然後可以教授於人。所以稱之爲律師也。

二堅持不雜。謂爲律師者。當懷慚愧。堅持法律。於毘尼藏。所有文句義疏。悉皆通達。若有問者。次第而答。不相雜亂。所以稱之爲律師也。三受持不忘。謂爲律師者。於毘尼藏。所傳之師。須知次第授受之由。若佛授優波離。如是次第。師師相承。乃至於今。其名字或能盡知。或知一二。而不忘失。所以稱爲律師也。

一比丘戒相。雖曰小乘。然學大乘者。未有不遵。故南海寄歸云。大乘小乘。律檢不殊。齊制五篇。通修四諦。若禮菩薩。讀大乘經。名之爲大。不行斯事。號之爲小。所云大乘無過二種。一則中觀。二乃瑜伽。中觀則俗有眞空。體虛如幻。瑜伽則外無內有。事皆唯識。斯並咸遵聖教。孰是孰非。同契涅槃。何眞何僞。意在斷煩惑。濟衆生。豈欲廣致紛紜。重增沈結。依行則俱昇彼岸。棄違則並溺生津。西國雙行。理無乖競。又云。浮囊不洩。乃是菩薩本心。勿輕小愆。還成最後之唱。理合大小雙修。方順慈尊之訓。防小罪。觀大空。攝物澄心。何過之有。或恐自迷誤衆。準敎。聊陳一隅。空法信是非虛。律典何因見慢。

一今所集卷專爲初學。若爲師者。切莫樂簡厭繁。僅閱斯帙爲盈。須覽全藏。博究二持。庶可高樹戒幢。大振法鐸。苟未徹諳。急欲師人。多乖聖制。律有大呵。

序

夫毘尼是正法之壽命者。蓋由戒淨僧眞。性遮之業
而無染覆。道宏德備。權實之教而克闡揚。自行利他。
越苦海而登彼岸。紹先啟後。續慧命以振玄猷。故曰
毘尼住。則正法住也。不然則五邪罔禁。八穢殉身。虧
僧寶之尊稱。失福田之淨德。上無模楷。下闕規繩。縱
能聚眾匡徒。悉屬附法魔外。欲令正法久住。豈可得
乎。體匏繫荒隈。學慚往哲。謬承先囑。力樹戒幢。因念
律海汪洋。學人難討。爰搜諸部之精要。詳明止持之

大成。雖未盡源。庶幾便覽。所冀同志諸賢。須遵七聚。嚴護以防非。當欽四依。知足而進道。則五濁世。戒香芬馥於大地。六和衆法雨霈澤於人間。所謂毘尼住世則正法住世。不亦然乎。

時

順治己丑年前安居日滇南雞足苾芻讀體識於寶

華山之觀西軒

毘尼止持會集卷第一

金陵寶華山宏律沙門讀體集

將明斯律。依賢首宗略開七門。一。教起因緣。二。藏乘所攝。三。教義通局。四。辯定宗趣。五。教所被機。六。總釋題目。七。別解戒相。所言門者。收攝無壅。名之爲門。俾依門入解。通達無滯。凡所釋義。則有所宗歸也。

初教起因緣者。有通有別。所言通者。謂如來惟爲一大事因緣。出現於世。則一代時教。總其大意。惟欲衆生。開示悟入佛之知見。今此律者。欲令衆生。以波羅提木叉戒。入佛知見故。故謂之通。

別則專就此律。復有十義。爲敎起所因。一。攝取於僧。二。令僧歡喜。三。令僧安樂。四。未信者令信。五。已信者令增長。六。難調者令調順。七。慚愧者得安樂。八。斷現在有漏。九。斷未來有漏。十。正法得久住。

一。攝取於僧者。謂於世人衆姓之內。若有篤信男女等。入正法中。深生敬信。樂爲苾芻。以成僧衆。令取僧寶果故。

二。令僧歡喜者。律攝云。爲僧伽極善。謂既入善說法律之中。而知僧尊堅固道志。暢悅持戒。蕩滌凡情。能令善法極增勝故。

三。令僧安樂者。謂依禁戒。淸淨活命。三慧自淑。五邪不干。以七法財。還信施債。德業漸增。不爲施所墮故。

四。未信者令信者。謂持禁戒。性遮淸淨。四儀整肅。譏誚不興。令未信者。知歸佛道。使邪見輩。正信發生故。

五。已信者令增長者。謂嚴淨律儀。梵行可軌。如教化利。慈威可欽。能令久淹佛法者。景仰歸從。愈增淨信故。

六。難調者令調順者。律攝云。爲折伏惡人。謂有一類。名字比丘。及一類雖具信心。煩惱業習強者。今以輕重律儀。諫治調伏。令知非自責。隨順衆僧故。

七。慚愧者得安樂者。謂清淨律儀。調難調者。令知足慚愧。樂持戒僧。一界六和。身心無擾。得適悅進道故。

八。斷現在有漏者。謂諸惡發業。皆由潤生。今以淨戒防止功用。能違現行。乾枯業種。不起煩惱。斷除苦因故。

九。斷未來有漏者。謂依淨戒。定慧發生。心無染污。永斷漏種。不受後有。得證僧寶果故。

十。令正法久住者。謂令清淨僧寶。種性相續不息。如法宣說。廣利人天。展轉相教。正法得以久住故。

以上別中十義。皆準律攝釋者。是爲此教結制之因。　薩婆多云。如來以此十義結戒者。順此十利功德。得此十利功德。若持一戒。將來得一戒果報。兼得十利果報。如是一切戒當分別。而非一切通得此十利功德也。初明敎起因緣竟。

二藏乘所攝者。已知此戒有如是因。未審藏乘之中。各何屬攝。先明藏攝。次明乘攝。

先明藏攝者有二。一三藏。二二藏。且初三藏者。一修多羅。或云修妒路。亦名素呾纜。此飜契經。契者。契理契機。經者。以貫攝爲義。貫謂貫穿所應知義。攝謂攝持所化之機。故此敎於三學中。所詮定學。二。毘柰耶。此飜調伏。謂調練三業。治伏過非。亦名鼻柰耶。鼻飜去。柰耶飜眞。去若干非而就眞。故曰眞也。降伏此心。息此心。忍不起。故曰眞也。降伏。戒也。息。定也。忍。智也。亦名毘尼。飜滅。又云調御。使心行調善也。此教於三學中。所詮戒學。三。阿毘達磨。舊云阿毘曇。訛也。阿毘。是對義。達磨。法義。合言對法。謂能對者是妙慧。通漏無漏。所對者是法。通世出世法。此慧對向涅槃法。復能對觀了四諦法。法之所對。故名對法。此教於三學中。所詮慧。

學。梵語比吒。此云藏。卽包含攝持之義。非藏無以積錢財。非藏無以藴文義。故上三典。皆名曰藏。今此戒者。正屬毘柰耶藏。非如他經分攝故。

二藏者。一。菩薩藏。二。聲聞藏。不列緣覺者。攝歸聲聞故。今此戒者。正屬聲聞藏。亦分攝菩薩藏。蓋聲聞人。未發大心。容可不學菩薩戒。而菩薩人。未有不學聲聞戒故。

次明乘攝者。乘有五乘。一人。二天。三聲聞。四緣覺。五菩薩。乘者。運載爲義。通教理行果。謂依教解理。

依理起行。依行證果。行果正運。教理助運。五皆名乘。由力有大小。載有遠近。故分為五。　一。人乘者。涅槃經云。多思慮故名人。雜心論云。意寂靜故名人。謂受三皈五戒。修下品十善。運載眾生。越於三途。生於人道。其猶小艇。纔過溪澗。　二。天乘者。俱舍論云。光潔自在神用名天。謂受持三皈五戒。修中品十善。非定相應。運載眾生。越於四洲。生欲界天。與四禪定相應。生色界天。與四空定相應。生無色界天。猶如小船。越於江河。　三。聲聞乘者。聲謂佛音聲。聞謂耳根發識。聽聞佛聲四諦之法。故名聲聞。　四緣覺乘者。以慧覺了十二因緣之法。亦名獨覺。謂出無佛世。雖不稟至教。自悟無生。故名獨覺。修四諦十二因緣法門。皆能運載衆生越於三界。到有餘涅槃。成阿羅漢及辟支佛。皆如大船。越大江河。　五菩薩乘者。梵語具云菩提薩埵。菩提覺義。薩埵有情義。合言覺有情。以悲智爲本。修六度法門。運載衆生。越於三界。三乘之境。至無上菩提。大般涅槃之彼岸。如乘大船。越於大海。今此戒者。正攝聲聞乘。非餘乘所攝。二。明藏乘所攝。竟。

三。敎義通局者。已知藏乘所攝如是。未審敎義。當復云何。其中分二。初約敎局論。次推義通論。

初約敎局論者。世尊一大時敎。有稱性隨機權實開會。方便演說。義各淺深。今依賢首所判。不出五敎。

一。小敎。此敎以隨機故。但說人空。不說法空。縱說法空亦不明了。但依六識三毒。建立染淨根本。唯論聲聞乘。故名爲小敎。

二。始敎。由第二時但明於空。未盡大乘法理。故名之爲始。第三時定說三乘。不言定性聲聞。無性闡提成佛。故亦名分教。於中廣說法相。少說法性。所說法性。亦是相數。是大乘之初門。故曰始教。　三。終教。言定性聲聞。無性闡提。悉當成佛。方盡大乘至極之說。名之爲終。以稱實理。亦名爲實。於中少說法相。多說法性。雖說法相。亦會歸性。是大乘終極。名爲終教。　四。頓教。此教明一念不生。卽名爲佛。不依地位漸次而說。名之爲頓。於中不說法相。唯明眞性。一切所有。唯是妄想。一切法界。唯是絕言。名爲頓教。　五。

圓教。此教所說。唯是無盡法界。性海圓融。剎塵無礙。即華嚴所談名爲圓教。今此戒相。正爲衆生癡所覆故。遂起貪瞋邪見。十使縈纏。汨沒四流。昇沉九地。是以六識三毒。爲染根本。故如來愍此。爲制毘尼。令治伏三毒。防護七支。修生空觀。斷分別俱生二種我執。超越三界。證阿羅漢果。是爲六識反染而爲淨根本義。屬小教。正阿含攝。非餘四教。故曰局也。

次推義通論者。謂此戒相。雖曰小教。若以義推。則通乎圓。故法華玄義云開麤者。毘尼學。卽大乘學。式叉式叉。卽大乘第一義。光非青黃赤白。三歸五戒。十善。二百五十。皆是摩訶衍。豈有麤戒隔於妙戒。戒既卽妙。人亦復然。汝實我子卽此義也。文蓋圓人受法。無法不圓。一色一香。無非中道。低頭合掌。悉是道場。孰曰戒相而非圓頓。且如來化緣事畢。仍遺教云。汝諸比丘。於我滅後。當尊重珍敬波羅提木叉。如闇遇明。貧人得寶。當知此戒則是汝等大師。若我住世。無異此也。斯乃開顯之後顧命之言，必局小教，豈其然乎。三、明教義通局竟。

四、辯定宗趣者，已知教義通局如斯，未審宗趣當何所取。宗者，言之所尙，曰宗。趣者，宗之所歸，曰趣。亦有總別。

總則此毘尼教，以反染成淨止作為宗，以盡諸有漏解脫為趣。按薩婆多論云，比丘二百五十戒，一切衆生上各得七戒，以義分別有二十一戒，如一衆生上起身口七惡，凡起此惡，以三因緣，一以貪故起，二以瞋故起，三以癡故起，此三惡，三七二十一惡。反惡心得戒。一眾生上。得二十一戒色。一切眾生亦復如是。有五種子中。破一粒麥。損一粒粟。斷一根果。摘一枝葉。隨所斷所破。各得一罪。隨得罪處反罪得戒。得爾所戒。本受戒時。不殺一切草木。一切草木上。盡得戒色。如不掘地。一微塵上。得一戒色。三千大千世界。下至金剛地際。一一微塵上。得一戒色。如是二百五十戒中。若眾生非眾生類上。得戒多少。以義而推。可以類解。文 若非遵制防止。則不能增定慧。淨諸有漏。若非如律作辦。則不能反惡業而成淨戒。故漏盡解脫。即獲果證。是故反染止作。漏盡解脫正是今教中所崇所尊所主之宗趣也。

別則互舉。若舉法爲宗。令得人爲趣。謂律藏所詮。雖意皆明了。須待比丘信敬躬行。以辯深義。是其所趣。若舉人爲宗。令知法爲趣。謂具信登壇。雖名爲僧寶。須當精窮五篇。徹究二持。知其所歸。四辯定宗趣竟。

五。教所被機者。宗趣既辯。已知所歸。未審此教所被何機。是故再明教所被機。教乃聖人被下之言。機是依教修行之士。教分有五。準前所明機別有三。謂上中下。而於教中復分為二。一是化教。二是制教。化教者。謂開化指示權實性相善惡因果。化導之機。通在家出家。今此毘尼非彼化教。唯是制教。制約行業。制善令行。制惡令斷。示持犯相。明諸學處。所被之機。不通在家。獨制僧徒。正被中下之機。亦可兼於上者。故今分三。一正被。二隨被。三漸被。

一正被者。毘尼總收二部。一制比丘僧。二制比丘尼僧。比丘僧。始自須提那子以降。具足二百五十禁章。比丘尼僧緣從憍曇彌八敬以來。三百四十八戒漸備。其僧部中攝尼。而尼部中攝僧。間有同制別學。同制同學。蓋由僧尼性習各殊。故佛於正被中復異也。

二隨被者。式叉摩那。沙彌沙彌尼。此三。雖曰小眾。居必依隨二僧。食隨僧分。法隨僧學。是故二僧戒內。於後俱隨有制。但令知惡莫作。是制當遵。若犯輕重條章。通云一突吉羅。仍有擯懺。故誤不同。名之小三眾隨律威儀。所謂兼制。今故爲隨被也。三漸被者。漸謂漸次。若有上根稟戒。機非中下。本爲志求佛果。不似耽樂寂滅。由遵聖制。楷定律規。不躐僧寶。以故先秉息慈。次入僧數。然後方圓菩薩三聚淨戒。是知聲聞身戒。即菩薩心戒之基。菩薩心戒。即聲聞身戒之本。未有身戒不淨。而欲心戒清淨者也。所以圓通會上。波離尊者云。我以執身。身得自在。次第執心。心得通達。然後身心一切通達。得證圓通。故今以上根次第稟戒。而攝漸被中也。五。明教所被機竟。

六。總釋題目者。前五義門已知。今當釋題。就中分四。初出律藏源流。二明五部所宏。三釋四分戒本。四釋止持會集。

初出律藏源流者。審夫娑羅唱滅之後。無害結集之初。五百漏盡比丘僧同於畢鉢羅窟內。大迦葉白僧問法。優波離依制讀宣。誦如來言詞滿八十。因而號曰八十誦律。原無衆部之殊。其分張衆部者。蓋自惡王滅法之後。復有善王重興佛教。羣黨互爭。故分二部。從二部中復分十八。久後流傳。惟餘五部。此則八十誦律。是爲鼻祖二部爲支分。十八五部是其派衍也。按舍利弗問經云。云何世尊爲諸比丘所說戒律。或開或遮。後世比丘比丘尼等。云何奉持。佛言如我言者。是名隨時。在此時中應行此語。在彼時中應行彼語。我尋泥洹。大迦葉等。當爲分別。爲比丘比丘尼等。大作依止。如我無異。（此懸記迦葉五百結集也。）又云後有孔雀輸柯王孫。名弗沙密多羅。滅我法教。害我僧徒。彌勒菩薩以神通力。接我經律。上兜率天。得蟲行神捧山壓王。及四兵眾。王種四兵。一時滅盡。後有王出。性甚良善。彌勒菩薩。化作三百童子。下於人間。以求佛道。從五百羅漢諮受法教。羅漢上天。接取經律。還於人間。國土男女。復共出家。比丘比丘尼。還復滋繁。時諸比丘好於名聞。極力諍論。抄治我律。開張增廣。互相是非。求王判決。王集二部。行黑白籌。此乃息諍之法。若要舊者。可取黑籌。若要新者。可取白籌。時取黑者多。白者少。王以皆是佛說。好樂不同。不得共處。學舊者多。從以爲名。爲摩訶僧祇也。學新者少。而是上座從上座爲名。爲他俾羅也。此懸記律分二部也。文殊問經云。世尊入涅槃後。未來弟子。云何諸部分別。云何根本部。佛言未來我弟子有二十部。能令諸法住。二十部者。並得四果。三藏平等。無下中上。譬如海水。味無有異。如人有二十子。眞實如來所說。文殊師利。根本二部。從大乘出。從般若波羅密出。初二部者。一摩訶僧祇。此言大衆。老少同會共集律部也。二體毘履。此言老宿。唯老宿人同會共出律部也。我入涅槃後一百歲。此二部當起。從摩訶僧祇出七部。於此百歲內出一部。名執一語言。所執與僧祇同。故云一也。於百歲內。從執一語言部復出一部。名出世間語言。稱讚辭也。於百歲內。從出世間語言出一部。名高拘梨柯。是出律主也。於百歲內。從高拘梨柯出一部。名多聞。出律主有多聞智也。於百歲內從多聞出一部。名只底舸。此山名出律主居之。於百歲內從只底舸出一部。名東山。亦律主居也。於百歲內從東山出一部。名北山。亦律主居也。此謂從摩訶僧祇部出於七部。及本僧祇是爲八部。於百歲內從體毘履部出十一部。於百歲內出一部。名一切語言。律主執三世有故。一切可唇語言也。此卽五部中之薩婆多部。於百歲內從一切語言出一部。名雪山。亦律主居也。於百歲內從雪山出一部。名犢子。律主姓也。此卽五部中之婆蹉富羅部。於百歲內從犢子出一部。名法勝。律主名也。於百歲內從法勝出一部。名賢。律主名也。於百歲內從賢部出一部。名一切所貴。律主爲通人所重也。於百歲內從一切所貴出一部。名芿山。律主居也。於百歲內從芿山出一部。名大不可棄。律主初生。母棄之於井。父追尋之。雖墜不死。故云不可棄。又名能射。此卽五部中之彌沙塞部。於百歲內從大不可棄出一部。名法護。律主名也。此卽五部中之曇無德部。於百歲內從法護出一部。名迦葉比。律主姓也。此即五部中之迦葉維部。於百歲內從迦葉比出一部。名修妒路句。律主執修妒路義也。此謂體毘履部出十一部。及體毘履成十二部。佛說此祇夜。摩訶僧祇部。分別出有七。體毘履十一。是謂二十部。十八及本二。悉從大乘出。無是亦無非。我說未來起。此上經文。乃懸記從二部中。復分十八部也。偈中言無是亦無非者。準華嚴會玄記云。謂以隨情執故無是。四諦等更無異說故無非。或但各自言是。豈名實是。故云無是。各互非他。豈名實非。故云無非。又旣皆從大乘出。何有是非。或可依之修行。無不獲益。故云無是亦無非也。又南海寄歸傳云。諸部流派。生起不同。西國相承大綱唯四。一聖大眾部分出七部。二聖上座部分出三部。三聖根本說一切有部。分出四部。四聖正量部分出四部。亦四從本分出十八部也其閒離分出沒。部別名字。事非一致。此不繁述。又俱舍論云。過去迦葉佛時。佛父訖栗枳王。夢見一衣堅而且廣。有十八人各執少分四向爭挽衣猶不破。因問彼佛。佛言此表當來釋迦如來弟子。分佛正法成十八部。雖有異執。而眞法尙在。依之修行。皆得解脫。文。是知部雖多分。義皆可取。若欲細覈。各所宗執。

當閱十八部論。部執異論。異部宗輪論。此三論出北藏席字函。

二。明五部所宏者。諸部流分。雖有十八。其可久行不過五部。按翻譯名義集云。世尊成道三十八年。赴王舍城國王食訖。令羅云洗鉢。失手摞鉢以為五片。諸比邱白佛。佛言。鉢破五片。表我滅後。毘尼分為五部也。又舍利弗問經。佛言部分如是眾多。久後流傳。唯餘五部。各舉所長。名其服色。摩訶僧祇部。勤學眾經。宣講真義。以處本居中。應著黃衣。

今律四十卷。是其支分也。曇無屈多迦。即曇無德。通達理味。開導利益。表法殊勝。應著赤色衣。薩婆多部。此云一切有。博通敏達。以導法化。應著皁衣。有十誦律六十卷。其根本說一切有部。皆此部攝。迦葉維部。此云重空觀。精勤勇猛。攝護眾生。應著木蘭衣。律止有解脫戒本一卷。或云全部未至。或云未曾翻譯。彌沙塞部。此云不著有無觀。禪思入微。究暢幽密。應著青衣。有五分律三十卷。據此經文。即此五部。若準他經。凡列五部。皆無摩訶僧祇部。卻有婆蹉富羅部。此云犢子。上古有仙染犢生子。自後種姓皆名犢子。其彼部律未至。如賢首疏云。總別六部。僧祇是總。五部是別。此摩訶僧祇部。行解虛通。不生偏執。徧順五見以通故。故知摩訶僧祇是總。五部是別。通則六部也。今此方唯存四部。缺迦葉維及犢子部。其餘善見。毘尼母。薩婆多論。摩得勒伽。優波離問經等。俱是諸部支屬。皆可覽也。然斯五部。既佛預記。無勞致疑。有所是非。譬如一燈出百千燈。雖燈隨物異。而光照無殊。至於破闇除冥。功用則一。是故五天諸國。隨宗一律。各競進業。皆獲道果。東夏傳來。四部俱行。精持戒軌。咸躋聖域。自非聖化通玄。何以使之然乎。故別舉五部。明其所宏也。

三釋四分戒本者。已知部彙固多。行唯五部。未審今者所宏何部。故次明之。中復分四。一出宗主。二釋四分。三釋律義。四出譯時。

一出宗主者。此四分宗主。名曇無德。此翻法藏。又云法密。由師含容正法。如藏之密。故又云法護。護者防護。即密藏義也。師乃采菽氏之裔。體毘履之支。

二釋四分者。此律全部有六十卷分為四大分。自首卷至二十一卷止。名第一分。其中所明比丘二百五十戒法。自二十二卷至三十六卷止。名第二分。前之九卷乃明比丘尼三百四十八戒法。後六卷明受戒犍度。說戒犍度。梵語犍度。此翻法聚。以相類之法聚而歸一也。自三十七卷至四十九卷止。名第三分。其中所明安居。自恣。皮革。衣。藥。迦絺那衣。拘睒彌。瞻波。呵責。人。覆藏。遮。破僧。滅諍。比丘尼法。法。共十六犍度。自五十卷至六十卷終。名第四分。其中所明房舍。雜法。五百結集。七百結集。調部毘尼。毘尼增一。共六犍度。今於四分之中。單明第一分比丘戒法也。

三釋律義者。一大制教通名毘尼。五部所出通名曰律。梵語毘尼。此翻滅。然滅有三義。一。滅業非。謂不殺盜等。故律中有犯毘尼。有諍毘尼。二。滅煩惱。煩惱是發業之本。故律云。調伏貪等令盡。是故如來制增上戒學。三得滅果。故經云。戒淨有智慧。便得第一道。南山云。毘尼翻調伏。及滅者。是從功用爲名。非正譯也。正翻云律。律者。法也。從教爲名。斷割重輕。開遮持犯。非法不定。俗有九流。法流居一。故世律法。皆約刑科。道與俗違。刑名乃異。至於處斷。必依常法。故翻毘尼爲律也。
四出譯時者。此四分律。乃姚秦時。北天竺罽賓國。佛陀耶舍尊者。共竺佛念所譯。緣佛陀耶舍。先於本國誦四分律。不賫梵本而來。秦司隸校尉姚爽。欲請尊者譯出。姚主以其無梵本。難可證信。衆僧多有不同。故未許之。羅什法師勸曰。耶舍甚有記功。數聞誦習。未曾脫誤。於是姚主卽以藥方一卷。民籍一卷。並可四十紙許。令其誦之一日。便集僧執文覆之。乃至銖錙人數年紀不謬一字。是時衆咸信伏。由是耶舍口誦梵音。佛念筆受成文。即以宏始十二年譯出。爲四十五卷。又云。四十四卷。今分爲六十卷。若支法領所譯者。止有三十卷。然今已失矣。據唐圓照律師傳。則宏始五年壬寅歲。耶舍譯出成四十五卷。至十一年歲次戊申。支法領又從西國將梵本來。於長安中寺重讐校。殆十四年辛亥譯畢。成六十二卷。

四釋止持會集者。宣祖云。持戒之心要唯二轍。止持則戒本最爲標首。作持則羯磨結其大科。後進前修。妙宗斯法。故今統閱諸部。撮略正文。會集止持用。益將來。共扶穨幢以樹正法也。六總釋題目竟。

毘尼止持會集卷第一終

音義

序

匏繫上音庖。瓠屬。蓋匏味苦。瓠味甘也。言匏繫者。孔子曰。吾豈匏瓜也哉。繫之而不食。大約今人用匏繫。皆取無用之義也。荒隈隈下音威。厓內曰隩。厓外曰玄。隈荒隈者。謂居於荒山也。

猷下音由道也

五邪一詐現異相謂諸比丘違佛正教於世俗人前詐現奇特之相令其心生敬仰而求利養　二自說功德謂諸比丘以辯口利詞抑人揚已自逞功能令所見者心生敬信而求利養　三占相吉凶謂諸比丘攻學異術卜命相形講談吉凶而求利養　四高聲現威謂諸比丘大語高聲詐現威儀令人畏敬而求利養　五說所得利以動人心謂諸比丘於彼得利於此稱說於此得利於彼稱說令人動心而求利養如是五種令人邪命

八穢一置買田宅謂比丘當依眾居止勤修出世清淨無為之道若私置田宅以圖自足是為不淨　二種植根栽比丘當勤修道業於世間資生之事不生貪著若不為眾私自種植田園內妨行業是為不淨　三貯聚穀粟謂比丘當乞食資身清淨活命若不為眾私自藏貯穀粟米麥是為不淨　四畜養奴婢謂比丘當閒居靜處修攝其心行安樂行若不為眾畜養奴婢驅使作務是為不淨　五畜養羣畜謂比

邱當持禁戒慈心不殺若畜牛馬等孳生之類以汚梵行是爲不淨　六藏積金銀錢寶謂比邱當以清雅爲高安貧樂道身無長物若貪積世間所重金銀資財等物資生求利計算出納有乖道行是爲不淨　七藏積象牙刻鏤等物謂比邱當奉佛戒志尚儉素於諸玩好心不貪戀布衣草座常懷知足若貪世間稀有雕飾之物是爲不淨　八藏積銅鐵釜鑊以自煮爨謂比邱於衆居止當於衆同餐或乞食自活勵精梵行成就道業若藏積釜鑊以自煮爨背衆而食是爲不淨

殉音旬隨也

福田淨德　一發心離俗謂出家之人發勇猛心脫離凡俗習佛菩提而能懷佩妙道爲世福田是爲初淨德也　二毀其形好謂出家之人剃除鬚髮毀壞相好去世俗之塵衣著如來之法服具佛威儀爲世福田是爲第二淨德也　三永割親愛謂投佛出家割絕父母親愛之情一心精勤修道以報父母生成之德兼能爲世福田是爲第三淨德也　四委棄軀命謂出家之人能

委棄身命無所顧惜惟務一心求證佛道兼能爲世福田是爲第四淨德也　五志求大乘謂出家之人常懷濟物之心專志勤求大乘之法度脫一切有情爲世福田是爲第五淨德也

模楷 模木生於周公冢上其葉春青夏赤秋白冬黑以色得其正也楷木生孔子冢上其餘枝疏而不屈以質得其直也此二字取義若正與直可爲法則

苾芻 此香草也出於雪山具有五德以喻比丘一體性柔軟以喻比丘能折伏身語意業之麤也　二引蔓旁布以喻比丘傳法度人延綿不絕也　三馨香遠聞以喻比丘戒德芬馥爲衆所聞也　四能療疼痛以喻比丘能斷煩惱毒害之痛也　五不背日光以喻比丘正見思惟常向佛日而不背也

凡例

經通餘說 大智論云一佛說謂如來金口所宣二弟子說謂諸聲聞緣覺菩薩承佛神力

加祓所說三仙說謂佛會中諸大仙人從佛入道誓宏佛化宣揚正法四諸天說謂帝釋每於善法堂上爲忉利天人演說般若五化人說謂三乘聖人隨機現化如羅睺羅化作金輪王而度城東老母先讚福果因緣後說大乘妙法

等覺已下 等覺者一生補處菩薩之名如今彌勒菩薩是也下地望之雖與佛等然有極細一品無明未盡故猶稱菩薩言下者指下位九地三賢

措麤 去聲安著也

綱要

十二法人 即頭陀十二行也又名杜多此翻抖擻亦翻修治亦翻淘汰十二法者一住阿蘭若處二常乞食三次第乞食四受一食法五節量食六中後不飲果漿蜜漿七著糞掃衣八但三衣九冢閒住十樹下止十一露地坐十二但坐不臥

緘縢 上音兼下音騰繩也謂束篋之緘縢

也

人可使由之不可使知 此出論語今借用之謂初受戒人但可使其依律行持未可使閱律藏知其所從結戒之由蓋六羣比丘等皆是大權示現曲爲末世而示犯緣誠恐愚者不達認爲實事反生放縱

義學 演敎之師深入義海故稱義學

險途 險者險阻途者途路此喻三途惡道也

鹿苑 鹿苑去波羅奈國十餘里是如來昔與提婆達多俱爲鹿王住處各統羣鹿五百餘時國王畋遊原澤菩薩鹿王前詣王曰大王校獵中原縱燎飛矢凡我徒屬命在茲晨不日應臭無所克膳欲次差日輸一鹿王有割鮮之膳我延旦夕之命王善其言而回駕兩羣之鹿更次輸命提婆羣中有懷孕鹿次當就死白其主曰身雖應死子未次也鹿王怒曰誰不保命雌鹿歎曰吾主不仁死無日矣乃告急菩薩鹿王王曰悲哉慈母之心思及未形吾今代汝遂至王門國王問由鹿具答情王聞歎曰我人身鹿也汝鹿身人也於是悉放諸鹿不復輸命卽以

其林爲諸鹿藪因而號曰鹿苑**鶴樹**亦云鶴林如來出世說法利生化緣事訖於娑羅雙樹閒二月十五日入涅槃雙樹皆悉變白猶如鶴色故名鶴樹**波羅提木叉**此翻別解脫律攝云別解脫者由依別解脫經如說修行於下下等九品諸惑漸次斷除永不退故於諸煩惱而得解脫名別解脫又見修煩惱其類各多於別別品而能捨離名別解脫由惑漂沒三界有情爲此先因勤求別解脫經又云隨順解脫此據果立名隨順有爲無爲二種果故又云保解脫謂戒淨有智慧如來保任必證涅槃故**一則中觀二乃瑜伽**中觀郎龍樹宗世稱法性宗瑜伽郎護法宗世稱法相宗以瑜伽師地論爲宗故名瑜伽此翻相應也**冘結**冘者雜也結者不解也**浮囊不洩**浮囊渡海器也昔有商人持囊渡海海中羅刹從乞浮囊其人不與乃乞一半亦不聽許至乞一絲亦不從願何故命在囊故浮囊若破則於海岸終不能到以喻持戒

之人欲渡生死苦海設遇愛染羅刹假求一願亦終不從何故命在戒故戒若有破則溺生死苦海永無出期是故護戒若此

勿輕小愆。還成最後之唱。如來涅槃令諸比邱以戒爲師依戒而住故云最後之唱若輕細過放蕩無拘是違遺教非佛弟子故云勿輕也

聊陳一隅謂物有四隅舉一隅則以三隅反也

摩夷具云摩得勒伽此翻智母以其能生智故

卷一

僧寶果即漏盡阿羅漢也

三慧自淑淑者善也和也淸湛也三慧者一聞慧由從善知識處得聞經律論以因聞故能生無漏聖慧　二思慧由能思惟經律論及從善知識所聞法義皆能生於無漏聖慧　三修慧謂旣已聞法思惟義趣即當隨順修習因此修習能生無漏聖

慧

七法財

財者謂信等七種出世法財也若一切衆生行此七法資成道果故謂之財

一信財謂信能決定受持正法以爲佛道之糧　二進財謂未能見眞諦理而一心精進求出世道以爲成佛之資　三戒財謂戒爲解脫之本能止防身口意之惡非以爲成佛之資　四慚愧財慚者慚天愧者愧人謂既能慚愧則不造諸惡業以爲成佛之資　五聞財聞爲三慧之首聞必能思思必能修若能聞佛聲教則開發妙解如說而行以爲成佛之資　六捨財捨即捨施謂若能運平等心無憎愛想身命資財隨求給施無所悋惜以爲成佛之資　七定慧財定慧即止觀也定則攝心不散止諸妄念慧則照了諸法破諸邪見以爲成佛之資

不爲施所墮

毘尼母云若不坐禪誦經營三寶事及不持戒受人信施則爲施所墮

有漏

毘婆沙論云有者若業能令後生續生是名有義漏者是畱住義謂令有情畱住欲界色界無色界故　涅槃經云有漏法有

二種一因二果有漏果者是則名苦有漏因者是名爲集

艇 庭上聲小船也二百斛以上曰艇其船小而長

舶 音白海中大船也

十使 一貪使二瞋使三癡使四慢使五疑使六身見使七邊見使八邪見使九見取使十戒取使此十皆名使者謂能驅役行者心神流轉三界生死也

四流 一見流即三界見惑謂意根對於法塵起分別見也二欲流即欲界思惑謂五根貪愛五塵故名爲思惑即貪瞋慢也三有流因果不亡爲有即色無色界思惑貪慢是也四無明流無所明了故曰無明即三界思惑中之癡惑也此四皆名流者謂衆生由三惑之所流轉漂泊三界而不能返於涅槃彼岸也

九地 一五趣雜居地二離生喜樂地三定生喜樂地四離喜妙樂地五捨念清淨地六空無邊處地七識無邊處地八無所有處地九非非想處地

生空 亦曰人空即我空也謂凡夫妄計五蘊是我強立主宰引生煩惱造種種業佛爲破此計故說五蘊無我二乘悟之入無

我理是名生空

二我執　一俱生我執謂於五陰等法中強立一主宰妄執爲我與身俱生是名俱生我執　二分別我執謂於計我法中分別我能行善行惡等事而起執著是名分別我執

式叉　此翻云學

躐　廉入聲踰跨也儒云學不躐等

鼻祖　人之懷胎鼻先受形然後諸根漸具故稱始祖爲鼻祖而波離結集八十誦律爲諸部之始祖故曰鼻祖也

芿　音成舊草不芟新草又生日芿

五通　一足不履地謂身能飛行履空如地　二知人心命謂能知他人之心行善行惡生善處惡處　三回眼千里謂天下眾生之類若好若醜城郭屋舍山巖樹木回眼之時無有遠近皆悉能見　四呼名即至謂於天下男女及象馬巨細等聲無不能聞若有呼其名者或遠或近隨即而至　五石壁無礙謂於天下周旋往來山河石壁無所障礙

裔　音曳後嗣也

九流　一儒流祖述堯舜憲章文武宗師仲尼者也本出司徒　二道流絕禮樂去仁義獨任清虛者也本

出史官　三陰陽流敬順昊天曆象日月本出羲和之官　四法流信任賞罰以輔禮制者也本出理官　五名流名仕不同禮亦異數出於禮官　六墨流推兼愛之意出淸廟之官　七縱橫流言其當制宜受命而不受詞者也出於行人之官　八雜流兼儒墨合名法出於議官　九農流播百穀勤耕桑者也會要出於農稷之官闕也

附譯人傳略

佛陀耶舍。師罽賓國人。婆羅門種也。年十三出家。常與其師遠行。曠野逢虎。其師欲走避。師曰此虎已飽。必不侵人。俄而虎去。前行果有噉嚼餘蹟。其師密異之。年十五。日誦經二三萬言。有羅漢重其聰明。恆乞食供之。嗣從舅氏。習五明諸論。世間法術。靡不綜閑。後受沙勒國太子供養。待遇隆厚。乃辭去。東適龜茲。尋羅什。蓋什曾在沙勒國受學於師。而師甚重之也。時師被符堅執。羈虜姑臧。遣信要師。師爲國人畱。欲行不克。因命弟子取淨水。呪藥洗足。乘夜而發。走數百里。始旦。問弟子何所覺耶。曰。惟聞疾風耳。國人追不及。方至姑臧。而羅什又入長安。長安乃秦主姚興也。興聞師名。卽盛禮聘之。師不受。笑曰。明旨既降。便應載馳。然檀越待士旣厚。脫如羅什見處。則不敢聞命。蓋興嘗媵妾逼什故也。使還覆。興歎其幾愼。重信敦喻。師方允。至長安日。興自出候。延於逍遙園中。遂與羅什出十住經。并四分律。長阿含等經也。師儀容端雅而髭赤色。尤善毘婆沙。時人號赤髭毘婆沙。旣爲什之師。亦稱大毘婆沙。後還外國。不知所終。媵音肖

送女從嫁也。凡送皆曰媵。

竺佛念。師涼州人。弱年出家。志業清堅。外和內朗。有過敏之鑒。少好游方。備貫風俗。華梵音義。莫不

兼通。故義學之譽雖闕。洽聞之聲甚著。符氏建元年入長安。與僧伽跋陀。曇摩難提等。翻譯諸經。質斷疑字音義。自世高支謙以後莫踰也。故在姚符二代。爲譯人之宗。關中名德咸嘉推焉。後復自出菩薩瓔珞。十住斷結。及曜胎中陰等經。始就治定。意多未盡。遂爾遘疾。卒于長安。

毘尼止持會集卷第二

金陵寶華山宏律沙門讀體集

七別解戒相者。蓋前五門。是推演教義。第六門是分別題目。教義題目。既已朗然。則當正解戒相。凡諸沙彌受持十戒。以為具戒之基本。已登壇近圓時。重在白四羯磨。感發戒體。次乃為說戒相。保護其體。故今將釋戒相。明持。先出無作戒體。無作者。天台大師云。戒體者。不起而已。起則性無作假色。磬公釋云。謂此戒體不起則已。起則全性。而性修

交成。必有無作假色。無作一　發任運止惡。任運行
善。一　作之後。不俟再作。故云無作。文　言無作假色
者。十一色法各有假實。就法處所攝色中。唯定果
色。名為實色。表無表色。並名假色。善惡二戒。各有
表。及無表。表。即名作。無表。即名無作。今且釋善戒。
互跪翹勤。名為身表。三說乞戒。名為語表。眾僧和
合同集戒場。亦名身表。白四羯磨。亦名語表。由此
作法受得清淨戒體。成比丘性。為意家所緣任運
恆得止行二善。故云一　作之後不俟再作。名為無

作假色也。此無作戒體，從第三羯磨畢時便得。於一切男女邊得不婬色，於一切情非情邊得不盜色，於一切有情邊得不殺色，於一切有情邊得不欺誑色，乃至於一切地得不掘色，於一切草木得不壞色，於一切酒得不飲色。如是二百五十戒法一一各周法界。故出家功德經明一日一夜持戒功德不可窮盡。正由此妙善戒法，徧以法界為所緣故。是則無作戒體是法處色，是無漏色，有漏五蘊色身為依，無漏五蘊戒身為依，有漏色身，從父精母血和合而生是色處假色。無漏戒身從三師七證羯磨而得。是法處假色所以和尙名爲力生。正從能生戒身以得名耳。得此戒身便同僧寶。能使天龍尊奉。神鬼欽承。邇來授受。體則迷而莫知。相則晦而罔請。欲企道基堅固。梵行精瑩。何可得焉。故今先出戒體。而令授受不虛。保護淸淨也。

次正解戒相。準律分八。初波羅夷法。二僧伽婆尸沙法。三不定法。四尼薩耆波逸提法。五波逸提法。六波羅提提舍尼法。七衆學戒法。八滅諍法。

初波羅夷法共有四條。僧祇律云。波羅夷者。義當極惡。謂更無事重於此者。總以三義釋之。一退沒由犯此戒。道果無分故。二不共住。非但失道果而已。不得於說戒羯磨。二種僧中住故。三墮落捨此身已。墮阿鼻地獄故。

律云。犯波羅夷者。譬如有人截其頭。終不能還活。斷多羅樹心。終不復更生長。如鍼鼻缺。不堪復用。如大石破爲二分。終不可還合。多羅此云岸形直而且高葉可書經此樹若斷其心卽便枯死永不發生根本律云。波羅市迦者是極重罪。極可厭惡嫌棄不可愛。若苾芻亦纔犯時。卽非沙門。非釋迦子。失苾芻性。乖涅槃性。墮落崩倒。被他所勝。不可救濟。如截多羅樹頭。更不復生。不能鬱茂增長廣大。故名波羅市迦。

律攝云。波羅市迦者。是極惡義。是他勝義。纔犯之時。被梵行者所欺勝。出家近圓。爲除煩惱。今被禁戒。反被降伏。又能害善品。使消滅故。又復能生惡趣之罪。故名波羅市迦。又被非法軍而來降法王

之子。受敗於他。既失所尊。故名他勝。近圓者圓謂涅槃受比邱戒則能親近涅槃故名近圓

薩婆多論云。波羅夷者。名墮不如意處。如二人共鬭。一勝一負。犯此戒者。不聽懺悔。畢竟永墮負處。又如焦穀種。雖種良田。勤加溉灌。不生苗實。犯戒亦爾。雖勤加精進。終不能生道果苗實故。

佛說犯罪輕重經云。犯波羅夷罪。如他化自在天壽十六千歲墮泥犂中按論云人間一千六百年爲彼天一晝夜於人間數九十二萬一千六百萬年。此年數必譯悞音義中辨此泥

犂卽焰熱地獄謂獄卒置罪人鐵城中。火然燋爛燒炙衆生故。此但名其有間。若謗三寶五逆等罪。壽一大劫墮入無閒獄也。

第一婬戒

婬者。汚穢交遘。鄙陋不堪之事。名非梵行。亦名不淨行。準善見云。此是性罪。不受佛戒。世閒法爾有罪。以犯佛戒則重。犯國禁則輕。輕者。國制强奸者斬。和奸者笞。婬男者杖。重者。佛制不論男女等。一有樂欲心行婬。則墮三塗。窮劫極苦。非同世刑。不可言喻。

若比邱共比邱同戒。若不還戒。戒羸不自悔。犯不淨行。乃至共畜生。是比邱波羅夷不共住。

緣起蓋心隨境轉戒依事制。若境幻心空則情忘理顯。所以戒結五篇皆由有漏生起。而大聖乘時制爲學處故善見律云。未有漏者。如來結戒。衆生生誹謗想。云何瞿曇沙門。如諸聲聞弟子。悉是貴姓。或是王位。捨於財物宮殿妻子眷屬。不惜身命。皆是知足無所希求。云何瞿曇反以波羅提木叉繫之。是瞿曇未善別世人。故言如此。若結戒者。世人亦不生敬重之心。譬如醫師未善治病。見人始欲生癰未大成就。輒為破之。破已血出受大苦痛。以藥塗之。瘡卽還復。醫謂曰。我為汝治病。當與我直。病人答曰。此癡醫師。若是我病可為我治。我本無病強為破肉。令血流出。生大苦痛。反責我直。詎非誑耶。聲聞弟子。亦復如是。若先結戒而生誹謗。我自無罪強為結戒。是故如來不先結戒。若有漏者。是時如來當為諸弟子結戒。文以是義故。每戒之下。先出緣起。又制戒之後。復有緣起。而加制者。亦有緣起。而開制者。故五篇之內有一制。數制之不同。今此婬戒有三制。律云佛在毘舍離。時迦蘭陀村。須提那子。持信堅固。出家爲道。時世穀貴。乞食難得。須提那子。將諸比丘。詣迦蘭陀村乞食。母聞子歸。往勸捨道還家。再三不允。乃令與婦安子。使種不斷。便捉婦臂。將至園中。三行不淨。時須提那子。行不淨已。常懷愁憂。同學問知其故。具白世尊。世尊集諸比丘。以無數方便訶責言。汝所爲非。

非威儀。非沙門。非淨行。非隨順行。所不應爲。汝須提那。云何於此清淨法中。乃至愛盡涅槃。與故三行不淨耶。告諸比邱。寧以男根著毒蛇口中。不持著女根中。何以故。不以此緣墮於惡道。若犯女人。身壞命終。墮三惡道。何以故。我無數方便說斷欲法。斷於欲想。滅欲念。除散欲熱。越度愛結。我說欲如火。如把草炬。亦如樹果。又如假借。猶如枯骨。亦如段肉。如夢所見。如履鋒刃。如新瓦器盛水著於日中。如毒蛇頭。如轉輪刀。如在尖標。如利戟刺。甚可穢惡。佛訶責已。與諸比丘結戒。集十句義。一攝取於僧。二令僧歡喜。三令僧安樂。四令未信者信。五已信者令增長。六難調者令調順。七慚愧者得安樂。八斷現在有漏。九斷未來有漏。十正法久住。若說戒者。當如是說。若比丘犯不淨行。行婬欲法。是比丘波羅夷不共住。此是創制也。如是結戒已。時有跋闍子比丘愁憂不樂淨行。即還家共故二行不淨行。行諸比丘白佛。佛集僧訶責云。汝癡人。犯波羅夷不共住。若有餘比丘不樂淨行。聽捨戒還家。若欲復出家。於佛法中修淨行。應度行出家受大戒。由此更結不還戒。戒羸不悔之語。此是第二制也。後復有一乞食比丘。依林中住。與雌獼猴共行不淨。按行比丘見已白佛。如上集僧訶責乃更結共畜生之文。此是第三制也。　準僧祇律云佛成道五年。冬分第五。半月十二日中食後。因須提那子。制此婬戒。按西域分三際從十二月十六日至四月十五日爲春際從四月十六日至八月十五日爲夏際從八月十六日至十二月十五日爲冬際一際四月每四月有八箇半月今準此方正當十月二十七日也　律攝云由癡故。因婬煩惱及婬事故。制斯學處。然以一切煩惱。皆依無明不覺故生。無明卽癡也。所以一一戒中佛莫不訶云汝癡人所爲非。而癡實是犯戒之根源也　又結戒必要集僧者。準薩婆多論有五義。一佛現不自專輒。二佛不集衆籌量輕重。而後結戒。但共衆和合令罪者心伏。三如國王持國雖得自在凡有國事與諸忠臣議之國得久住。佛法王亦爾。雖於法自在爲持佛法故。凡有法事集衆共知法得久住。四以爲肅現在當來弟子。凡是僧事不問有力。無力要問衆詳宜不得專獨。五。諸佛法爾。不獨一佛。又集僧已。佛知而故問。知時而問。知而故問者。一。以佛常法。二。以佛無事不知。欲令前人伏罪。順自言治法。三。以爲安衆生故。佛無事不知。無事不見。若不問前人自以知見說罪過。則衆生常懷怖懼。不能自安。非是集衆安衆生法。四。若以逆察人心。非大人聖主儀體。知時而問者。要在比丘衆中問。沙彌白衣前不問。一以今是結戒時。 又云。一切善法不言結。何以但言結戒。然戒是萬善之本。但結戒卽結一切善法也。

〔釋義〕文分三節。若比丘。是泛指受持具戒之人。下皆准此共比丘下。正明所犯之事。是比丘下。結成所犯之罪。按智度論云比丘義含有三一破惡義如初得戒卽言比丘以三羯磨發善律儀破惡律儀故言破惡若通就行解戒防形非定除心亂慧悟想虛能破見思之惡二怖魔義旣能破惡魔羅念言此人非但出我界域或有傳燈化我眷屬空我宮殿故生驚怖通而言之三魔亦怖三乞士義乞是乞求之名士是清雅之稱出家之人內修淸雅之德必須遠離四邪淨命自居福利衆生破憍慢心謙下自卑告求資身以成清雅之德律明八種比丘。謂名字比丘。謂世間人有立名字喚爲比丘或是比丘種族非出家法衆也相似比丘。謂有人剃除鬚髮不受佛戒形貌類僧沙彌雖未稟具**自稱比丘。**亦入比丘數故名曰相似非法眾也謂自剃鬚髮披著袈裟在僧中自稱言我是比丘此名賊住又犯重比丘不共僧住仍稱比丘**善來比丘。**此謂有具信白衣來詣佛所欲求出家佛觀根性成熟堪可度者便喚言善來比丘於我法中快自娛樂可修梵行得盡苦源佛語未竟鬚髮自落衣鉢具足如百臘比丘威儀庠序得具足戒如陳如等諸大弟子是**乞求比丘。**謂不受請食盡形乞食資身是名乞求比丘也**著割截衣比丘。**謂衣價貴重比丘得已便割截而著壞衣價直鍼線刺納毀其細軟用樹皮壞其本色便是故衣能著是衣者名著割截衣比丘也**破結使比丘。**一切煩惱名為結使謂能結縛眾生驅使流轉三界故若人出家或滿二十或不滿二十能破斷此煩惱證阿羅漢即名得具足戒**受大戒白四羯磨如法。成就得處所比**

邱。謂有善男子希求具戒於三師七僧前三乞乃爲作一白三羯磨於所作如法成就究竟圓滿成比邱性故名受大戒白四羯磨如法成就得處所比邱也是中比邱。若受大戒。白四羯磨如法。成就得處所。住比邱法中。是謂比邱義。謂今結戒本爲白四羯磨受大戒比邱故其善來破結有自然之戒永離破禁過患煩惱已盡梵行已立前之三種但名相同是非法衆故不在禁限也於後諸戒凡云若比邱義皆準此共比邱者。如餘比邱受大戒。白四羯磨如法。成就得處所。住比邱法中。是爲共比邱義。云何名爲同戒。我爲諸弟子結戒已。寧死不犯。是中共餘比邱一戒。戒體無二同戒。戒相無別等戒。戒行俱等是名同戒。根本律云若有先受圓具已經百歲所應學事與新受者等無有異若新受圓具所應學事與百歲受圓具者事亦不殊所謂尸羅學處持犯軌儀咸皆相似而得故云共戒同戒也

云何還戒。還戒者。捨戒也。如律云若比丘不樂修梵行。欲得還家。厭比丘法。常懷慚愧。貪樂在家。貪樂優婆塞。或念沙彌。外道外道弟子。非沙門。非釋子等法。便作如是語。我捨佛。捨法。捨比丘僧。捨和尚阿闍黎。捨同和尚。同阿闍黎。同和尚者謂彼比丘或同已之和尚或同一師受戒或同戒臘也同阿闍黎亦爾　捨諸梵行。捨律。捨學事。受居家法。我作淨人。我作優婆塞。我作沙彌。我作外道。我作外道弟子。我非沙門。非釋種子。若復作如是語。我止不須佛。佛於我何益。離於佛所。如是乃至學事亦如是。若復作餘語。毀佛法僧。乃至學事。便讚歎家業。乃至非沙門。非釋子。以如是語。了了說者。是名捨戒。若不作是了了語者。是名不還戒。若顛狂捨戒。心亂捨戒。痛惱捨戒。戲笑捨戒。皆不名捨戒。若顛狂心亂。痛惱瘂聾人前捨戒。中國人。邊地人前捨戒。邊地人。中國人前捨戒。若天龍鬼神。睡眠人。死人。無知人前捨戒。若自不語。若語前人不解。如是等皆不名捨戒。　戒羸者。律云。若比丘愁憂不樂梵行。欲得還家。厭比丘法。意在家。乃至樂欲作非沙門。非釋子法。便作是言。我念父母兄弟姊妹婦兒。村落城邑。田園浴池。我欲捨佛法僧。乃至學事。我欲受持家業。乃至非沙門。非釋子法。是謂戒羸。　不自悔者。謂於如來戒法無力能持內懷愁憂而不悔說是為不自悔　若作如是思惟。我欲捨戒便捨戒。是謂戒羸而捨戒。

不淨行者。是婬欲法。律攝云行謂聖道淨謂涅槃由八正行方能證會作不淨行正違彼故　下至畜生者。可行婬處是也。薩婆多論云與女人

交會受欲具足與畜生女交會樂欲情薄是故言下至畜生三惡道是五道之邊下故言下至畜生

云何名波羅夷。譬如斷人頭不可復起。比丘亦復如是。犯此法者。不復成比丘。故名波羅夷。廣釋云準前

何名不共住。有二共住。同一羯磨同一說戒。不得於是二事中住。故名不共住。

〈結罪〉是中犯者。若於人婦。非人婦。畜生婦。若於人女。非人女。畜生女。若於人二形。非人二形。畜生二形。三處作不淨行。大便道。小便道。及口中。

若於人黃門。非人黃門。畜生黃門。若於人男。非人

男。畜生男。二處行不淨行。大便道。及口中。如是比邱有婬欲心。初入盡波羅夷。方便而不入。盡偷蘭遮。

若如上所堪行婬境。有隔有隔。有隔無隔。無隔有隔。無隔無隔。有隔謂以物裹而入盡波羅夷。

若比邱婬意。向人睡眠婦女。若死形未壞。多未壞。大便道。小便道。及口。若初入。皆得波羅夷。如是非人婦。乃至畜生男。亦如是。

若爲怨家强捉比邱。或自。謂令己婬他或他。謂他來行婬已不淨行。於初入。入已。出。三時中隨有一時。生受樂心。卽得波羅夷。（受樂者如饑得食如渴得飲不受樂者如好淨人以種種死屍繫其頸上）

若骨間若死屍半壞。若地孔。若摶泥孔。若君持口中。行不淨行。皆偸蘭遮。（君持此云瓶）

若道。作道想。道。作道疑。道。作非道想。皆波羅夷。

若非道。道想。非道疑。皆偸蘭遮。（非道者謂除三道其餘腋下股間軍持泥團地空等是也）

若比丘教比丘行不淨行。若作。教者偸蘭遮。若不作。教者突吉羅。　若準義犯此戒要具四緣。方成本罪。一。有婬欲心。二。全情境。三。入道四。受樂。若不具如律有開。

偷蘭遮者。準善見律云。偷蘭名大。遮言障善道。後墮惡道。體是鄙穢。從不善體以立名者。由能成初二兩篇之罪故也。　明了論解。偷蘭爲麤。遮即爲過。麤有二種。一。是重罪方便。二。能斷善根。所言過者。不依佛立戒而行。故言過也。然中復分從生獨頭。　十誦律云。從初篇生重。應一切僧中悔。若初篇生輕。二篇生重。應界外四比邱衆中悔。若僧殘生輕。一比邱前悔。今且就從生而論。其獨頭三品。並懺悔法。詳明於作持中。經云。犯偷蘭遮。如兜率陀天壽四千歲。墮泥犂中。（人間四百年為一晝夜）於人間數五萬七千六百萬年。此泥犂即嗥叫地獄。謂獄卒捉罪人。擲鐵鑊中。嗥咷大叫。故此偷蘭遮若開聚。則別列第三。如歸篇則總攝前二。

【兼制】比邱尼。波羅夷。（此是同制同學戒）式叉摩那。沙彌。沙彌尼突吉羅滅擯。（小三衆犯婬殺盜妄四性重罪者雖無波羅夷之罪名則滅擯）

已是棄義不得與餘清淨沙彌同事同學不得如餘清淨沙彌與諸比丘得共二宿三宿雖云突吉羅罪實不通懺悔

若比丘尼敎比丘行不淨行。若作。敎者偷蘭遮。若不作。敎者突吉羅。若式叉摩那沙彌沙彌尼。敎比丘。作與不作。敎者盡突吉羅。

隨開　不犯者若睡眠無所覺知。不受樂一切無有婬意。及最初未制戒。癡狂心亂痛惱所纏。善見律云見火而捉如金無異見屎而捉如栴檀無異是名癡狂心亂痛惱所纏　又十誦律云有五相名狂人親里死盡故狂財物失盡故狂田業人民失盡故狂或四大錯亂故狂或先世業報故狂　有五種因緣令心散亂爲非人所打故心散亂或非人令心散亂或非人食心精氣故心散亂或四大錯故心散亂或先世業報故心散亂　有五種病壞心或風發故病壞心或熱發故病壞心或冷發故病壞心或三病俱發故病壞心或時氣發故病壞心若雖有如是癡狂散亂病壞心若自覺是比丘作婬欲得波羅夷若不自知不犯於下諸戒皆有三病不犯準此可知不更釋

〔會採〕僧祇律云。若向五眾及白衣言。我捨佛法僧。捨共住等。皆名捨戒。　又云。若言捨過去未來佛。捨過未經論。捨過未僧。捨多比丘。皆不名捨戒。得偷蘭遮罪。　若言捨過去未來法。捨此經論。是名捨戒。　又外道亦各言有佛法。若實欲捨佛法。假言捨外道佛。捨外道法。不名捨戒。得偷蘭遮罪。

若言捨過未多比丘。捨一比丘。越毘尼罪。若言捨過未一比丘。越毘尼心悔。若言捨阿闍黎。不名捨戒。得偷蘭遮罪。本律言捨阿闍黎亦成捨者以原受戒時十僧不滿不得戒故若欲還戒但捨十中一人皆可此中唯言捨和尚方成捨者以本得戒時依和尚而生戒身是從根本所生處捨也須知和尚在前當依僧祇若和尚遠處異方應依本部法雖兩殊開遮隨時

若作是念。我不如捨佛法僧作外道。彼心念口言。未決定向他人說。是名戒羸。若說戒羸事者。語語偷蘭遮罪。復作是心念口言。我捨佛者勝。乃至我習本俗人者勝。是名說戒羸事。語語偷蘭遮罪。

五分律云。若言我當行外道儀法。語語偷蘭遮。若言我當行白衣儀法。突吉羅。是不名捨戒。若口言我捨戒。是名捨戒。

薩婆多論云。受戒時須三師七僧。捨戒於一人前便捨者。謂求增上法故。則須多緣多力。捨戒如從高墜下。故不須多也。又受戒如得財寶。捨戒如失財寶。譬如入海採寶。無數方便。然後得之。及其失時。賊盜水火。須臾散滅。捨戒亦爾。

又僧祇律云。若比邱行婬。若買得。若傭得。若恩義

得。知識得。調戲得。試弄得。末更事得。如是一切得

而婬者。波羅夷。　比丘。以染汚心。欲看女人。得越

毘尼心悔。若眼見。若聞聲。犯越毘尼罪。相觸得偷

蘭遮罪。乃至入如胡麻。波羅夷。　若身大。雖入不

觸其邊者。得偷蘭遮罪。　若女人身裂爲二分。就

二分行婬者。偷蘭遮罪。繫縛令合行婬者。波羅夷。

若欲心隨女人後行。步步越毘尼罪。欲心與女

人隔壁語。語語越毘尼罪。

又五分律云。若比丘行婬。外方便內出不淨。內方

便外出不淨。波羅夷。

薩婆多論云。方便偷蘭遮有輕有重。輕偷蘭者欲作重婬。（謂所起婬煩惱猛勝也）若起還坐。輕偷蘭。 發足趣女。未捉已還。及捉已失精。乃至嗚抱。皆輕偷蘭。男形垂入女形已來。未失精。亦輕偷蘭。若失精得重偷蘭。 若男形觸女形。及半珠已還。不問失精不失。盡重偷蘭。 生女死女。非處行婬。腋下。股間。得重偷蘭。 生女死女。若壞墮蟲食。於中行婬。俱得重偷蘭。 若非人畜生男。及黃門。欲作婬。偷蘭輕重亦爾。

此戒大乘同制。大乘雖許懺悔。如梵網須見好相。或復得遇佛菩薩等。爲說深法。頓發大心。如淨業障經。維摩詰經。然必具大慚愧。生大厭離。絕不覆藏篤切悔過者。乃可承當此事則與此中比丘學悔原相似也。若無恐怖心。決斷心。雖是大乘豈容輒通懺悔。若夫見機得作。止謂在家菩薩。非謂比丘。菩薩戒本。具有明文。請詳觀之。

【引證】首楞嚴經云。若諸世間。六道眾生。其心不婬。

則不隨其生死相續。婬心不除。塵不可出。縱有多智禪定現前。如不斷婬。必落魔道。上品魔王。中品魔民。下品魔女。

梵網經云。寧以此身投熾然猛火。大坑刀山。終不毀犯三世諸佛經律。與一切女人。作不淨行。　又云。故起心毀犯聖戒者。不得受一切檀越供養。亦不得國王地上行。不得飲國王水。五千大鬼常遮其前。鬼言大賊。入房舍城邑宅中鬼復常埽其脚跡。一切世人皆罵言佛法中賊。一切衆生眼不欲見犯戒之人。畜生無異。木頭無異。
薩婆多論云。盜以身分內毒蛇口中。毒有三事害
人。有見而害人。有觸而害人。有吞嚙害人。女人亦
爾。有三種害人善法。若見女人心發欲想。滅人善
法。若觸女人犯僧殘罪。滅人善法。若共交會犯波
羅夷。滅人善法。若爲毒蛇所害。害此一身。若爲女
人所害。害無數身。二者。毒蛇所害。害報得無記身。
女人所害。害善法身。三者。毒蛇所害。害五識身。女
人所害。害六識身。四者。毒蛇所害。故得與行籌說

戒得在十四人數一切羯磨。女人所害。不與僧同此事。五者。毒蛇所害。得生天上人中。値遇賢聖。女人所害。入三惡道。六者。毒蛇所害。故得沙門四果。女人所害。正使八正道。水滿於世間。猶如大海。於此無益。七者。毒蛇所害。人則慈念而救護之。女人所害。衆共棄捨。無心喜樂。天龍善神。一切遠離。諸賢聖人之所訶責。以如是因緣故。寧以身分內毒蛇口中。終不以此觸彼女人。

附考律云。若比丘比丘尼。若犯波羅夷已。都無覆藏心。當如法懺海。與學戒羯磨。奪三十五事盡形行之。若眾僧說戒羯磨時。來與不來無犯。若更犯重應滅擯。 毘尼母論。云。此比邱從今羯磨已名爲清淨持戒者。但此一身。不得超生離死。證於四果。亦不得無漏功德。然障不入地獄耳。此於學悔羯磨必須稱量觀機於作持中詳明

第二盜戒

盜者。偷竊有主財物。奪人外命。最不端之媿事。此是性罪。縱不受佛戒。世間法爾有罪。第違國禁則

輕。國制劫盜者流配。竊盜者發配。犯佛戒則重。報墮三塗。若畢仍償。

若比丘若在材落。若閑靜處。不與盜心取。隨不與取法。若爲王。王大臣所捉。若殺。若縛。若驅出國汝是賊。汝癡汝無所知。是比丘波羅夷不共住。

（緣起）佛遊羅閱城。耆闍崛山中。時城中有陶師子比丘。字檀尼迦。在靜處。止一草屋。彼入村乞食。後有取薪人。破屋持歸。乃和泥作全成瓦屋。取柴薪牛屎燒之。屋成色赤如火。佛制不得作全成瓦屋。

作者突吉羅。敕諸比丘往詣打破。檀尼迦。乃誑摩竭國守材人。取瓶沙王所畱要材持去。大臣白王王念不應。以少材而斷出家人命。但訶責放去。彼諸臣不伏。居士譏嫌。有少欲比丘白佛。世尊集僧以無數方便訶責已。知而故問迦樓比丘。王法盜幾許應死。迦樓答云。五錢應死。世尊為諸比丘。隨王法盜五錢應死。集十句義結戒。

僧祇律云。佛成道六年冬分。第二半月十日食後。為瓦師子達膩迦制此戒。達膩迦即檀尼迦乃梵音輕重耳西域冬分第二半月十日準此方正當九月初十日也律攝云。此由癡故因畜積事畜積煩惱。制斯學處。

（釋義）文分二節。若在村落下。正明所犯之事。是比丘下。結成所犯之罪。律云比丘義如上。村落者。有四種村。一者周帀垣牆。二者柵籬。三者籬牆不周四者四周屋。亦名聚落謂人所聚居有巷陌之處閒靜處者。村外靜地是。靜地卽空地也僧祇律云空地者垣牆院外除聚落界盡名空地聚落界者去籬不遠多人所行蹤跡到處盡名聚落界五分律云聚落外盡一箭道有慚愧人所便利處是名聚落所行處所行處卽界也不與者。物主不捨。盜者。以偷盜心取。隨

不與取法者。若五錢。若直五錢。王舍城國法盜五錢已即入死罪佛
依此法總制贍部洲內現有佛法處限五錢得重
罪若國不用錢準直五錢物成罪　十誦律云一
銅錢直十六小銅錢此是羅什法師翻譯十誦時
以西域一銅錢準此方十六小錢大錢五箇共該
八十小錢　根本律云五磨灑者一磨灑有八十
貝齒然律言磨灑者是數名以一磨灑有八十箇
貝齒五磨灑有四百貝齒貝齒一名貝子本草云
生東海池澤亦產海涯大貝如酒盃出日南國小
貝乃貝齒也背紫黑腹潔白近似魚齒小兒常帶
壓驚俗呼爲壓驚螺又呼珠貝螺以上古珍之爲
寶貨故凡屬貨者字皆從貝至秦乃廢貝行錢今
雲南猶作錢用而呼爲海巴以一百二十八箇海
巴作銀一分一千二百八十箇作銀一錢
如是則四百箇貝齒作銀三分一釐二毫　王者。得
自在。不屬人。薩遮經云王者民之父母以法攝護衆生安樂故　大臣者。種

種大臣輔佐於王。捉者。謂捉持之殺者。謂以刀杖斷其命根縛者。謂杻械枷鎖等驅出國者。謂擯出國界賊者。謂離善及無記心持惡念貪竊他物癡無所知者。癡乃根本煩惱即無明也由愚癡無智故能造一切惡業一切犯緣皆依癡故起是比丘波羅夷不共住如上。

此不與取律有多種。今略之不出七法。若自手取。若看取。若遣使取。有主有主想取。非暫用取。非同意取。若重物盜心取。舉離本處。

處者。若地處。謂地中伏藏未發出。七寶金銀。真珠。瑠璃。璧玉。硨磲。碼碯。生像金銀。及衣服等物。若復餘地中所須之物有主。

若

地上處。謂七寶。乃至衣服等。不埋。若復有餘地上所須之物有主。　若乘處。謂象乘。及馬車。步。四種。若復有餘乘。如是等乘上若有七寶。乃至衣服等。若復有餘所須之物有主盜取。若取乘。從道至道。從路至路從道至非道。路至非路從非道至道。從坑中至岸上。從岸上至坑中。　若擔處。謂頭擔肩擔背擔若抱。若復餘擔。此諸擔上。有七寶。乃至衣服等。所須之物有主盜取。若復取擔。同上取乘作五句　若須空處。謂若風吹毻。若劫貝。乃至麻緜等。輕物及諸鳥。若復有餘所須之物有主。　若上處謂樹上。牆籬上。及衣架。繩牀。褥枕。地敷上。有金銀七寶。乃至衣被等。若復有餘所須之物有主。　若村處四種村如上。若村中有金銀七寶乃至衣被等。及餘所須之物有主盜取。若以機關攻擊破村。若作水澆或依親厚强力。或以言辭辯說誑惑得物。　若阿蘭若處謂村外有主空地。彼處有金銀七寶。乃至衣被等。及餘有所須之物有主盜取。若以方便壞他空地。若作水澆或依親厚强力。或以言辭辯說誑惑得物。　若田處。謂稻田。麥田、甘蔗田。若復有餘田。
彼田中有金銀七寶、乃至衣被等、及餘所須之物
有主盜取。若以方便壞他田。若以水澆、或依親厚
强力。或以言辭辯說誑惑得物。　若處所。謂家處
所。若市肆處所。若果園。菜園。及池。若庭前舍後若
復有餘處。彼有金銀七寶、乃至衣被等、並餘所須、
之物有主盜取。若壞他處所。若依親厚强力。或以
言辭辯說誑惑得物。　若船處、謂一切小大等船、
船上有金銀七寶、乃至衣被等、及餘所須之物有

主盜取。若將船從此岸至彼岸。若逆流。若順流。若沈著水中。若移岸上。　若水處。謂藏金銀七寶。及諸衣被等。沈著水中。若魚鼈。乃至蓮華。及餘水中所須之物有主。　若不輸稅。謂比丘無輸稅法。若白衣應輸稅物。比丘以盜心爲他過物。若擲過關外。若以言辭辯說誑惑。若以呪術過。　若他寄物。謂比丘受他寄持信物去。作盜心取。若頭上移著肩上。肩上移著頭上。左右肩上如是移著。若抱中。

若水處。謂一切大小甕及餘種種水器。若衆香水。若藥水。　楊枝者。若一。若兩。若眾多。若一把。一束。一抱。一擔。若盜心取。　若園處。謂一切草木叢林華果。　無足眾生者。蛇魚及餘無足眾生。　若二足眾生。謂人。非人。鳥及餘二足眾生。　若四足眾生。謂象。馬。牛。駝。駝。鹿。羊及餘四足眾生。　若多足眾生。謂蜂。蜈蚣。若餘多足眾生。　若同財。謂同事業所得財物當共。　若共要。謂共他作要。敎言某時去。某時來。若穿牆取物。若道路劫取。若燒從彼得財物來共。　若伺候。謂我當往觀彼村。若城邑。若船渡。若山谷。若人所居處。於彼所得物一切共。　若守護謂從外得財來。我當守護。若所得物一切共。　若看道。謂我當看道。若有王者軍來。若賊軍來。若長者軍來。當相告語。若有所得財物一切共。根本律云物有四種不同一體重價重謂末尼眞珠吠瑠璃珂貝璧玉珊瑚金銀碼碯硨磲赤珠等是二體輕價重謂繒綵絲羅及鬱金香等是三體重價輕謂鐵錫等是四體輕價輕謂毛麻木緜劫貝絮等是

〔結罪〕是中犯者。如上等處所有一切物。凡屬有主他所守護者。若以盜心取五錢。取直五錢。離本處

波羅夷。方便欲舉而不舉。偷蘭遮。方便即種種盜法也

方便求過五錢。得過五錢。波羅夷。過五錢謂五錢以上或六七八九不足十錢若足十錢得二波羅夷乃至得二三四五十錢一一準錢得若干波羅夷窮劫難出地獄矣 方便求過五錢。得五錢。波羅夷。 方便求過五錢。得減五錢。偷蘭遮。 方便求過五錢。不得。偷蘭遮。

方便求五錢。得過五錢。波羅夷。 方便求五錢得五錢。波羅夷。 方便求五錢。得減五錢。偷蘭遮。

方便求五錢。不得。偷蘭遮。

方便求減五錢得過五錢。波羅夷　求減五錢。得五錢。波羅夷。　求減五錢。得減五錢。偷蘭遮。　求減五錢。不得。突吉羅。

教人方便求過五錢。得過五錢。二俱波羅夷。所教之人是比丘也教人求過五錢得五錢。二俱波羅夷。　教人方便求過五錢。得減五錢。二俱偷蘭遮。　教人求過五錢。不得。二俱偷蘭遮　若教人求五錢。得過五錢。得五錢得減五錢。不得。二俱得罪如上。

教人方便求減五錢。得五錢得過五錢。教者偷蘭

遮。取者波羅夷。　敎人求減五錢。得減五錢。二俱
偷蘭遮。　敎人求減五錢。不得。二俱突吉羅。
敎人方便求五錢。若過五錢。受敎者取異物。若異
處取物。取者波羅夷。敎者偷蘭遮。
若方便敎人求五錢。若過五錢。受敎者謂使取物。
無盜心而取。得五錢。若過五錢。敎者波羅夷。受使
者無犯。　若敎人取物。受敎者謂敎盜取。若取得
直五錢。若過五錢。受敎者波羅夷。敎者無犯。
若有主物作有主想。不與取五錢。五錢以上波羅

夷。減五錢。偷蘭遮。　有主疑。五錢。過五錢。偷蘭遮。減五錢。突吉羅。　若無主作有主想。若無主疑。取五錢。減五錢。犯並同上

第四分云。衆多比丘。遣一人取他物。得五錢。若五錢以上共分。雖各得減五錢。盡波羅夷。以所起盜心時各各本為方便求五錢取他物離本處時已滿五錢故同犯重　於彼處得直五錢物。到此處直減五錢。波羅夷。　於彼處直減五錢。到此處直過五錢。偷蘭遮。　知前人以盜。心使我取物。先可之。後悔不往。突吉羅。　欲盜他衣。錯取己

衣。偷蘭遮。（此處是同居住）他盜取物而奪取。彼盜者。波羅夷。前後取滿五錢者。波羅夷。（取物雖有前後由盜心相續故犯本罪）

此戒具足五緣。方成本罪。一。有主物。二。有主想。三。直五錢。四。盜心取。五。離本處。若一不具。律制開輕。

【兼制】比丘尼。波羅夷。（此同制同學戒）式叉摩那。沙彌。沙彌尼。突吉羅。滅擯。是為犯。

【隨開】不犯者。與想。己有想。糞埽想。親厚想。及最初未制戒。癡狂。心亂。痛惱所纏。（己想者善見律云謂於他物中生自己想）

糞埽想者第三分云有十種糞埽衣牛嚼衣鼠

嚙衣火燒衣月水衣產婦衣神廟中衣若鳥啣風吹雜處者得取冢間衣求願衣受王職衣往還衣是謂十種糞埽衣親厚想者第三分云有七法

是親友利益慈愍故一難與能與二難作能作三難忍能忍四密事相告五不相發露六遭苦不捨七貧賤不輕又如第四分云畢陵伽婆蹉檀越有二小兒黠了不畏人尊者至時便抱腳婉轉戲後爲賊偷去父母向尊者涕泣尊者還寺以天眼見二小兒在賊船中即以神足持還父母諸比丘嫌責白佛佛問云汝以何心取答言以慈心取無有盜意

佛言無犯

〔會採〕僧祇律云。若比丘在道行。為賊所劫。或賊少。比丘多。或賊藏物已。更往餘處。是比丘若未作失想。（此為存有復得之念）還奪還取。無罪。若已作失想。還奪還取。便為賊。復劫賊。（此中亦應計錢得罪）又或賊順道去。漸近聚落。持物將分。比丘還從乞得無罪。（比丘雖已作失想而賊為施主事同新得故）若以勢力。恐怖令還。無罪。若告聚落主。方便慰喻令還。無罪。（此皆以慈心而言護法名及告村長令還為憐愍偷人免墮惡趣故）若知令彼。或殺或縛。則不應告。　若摩摩帝。（此云寺主）塔無物。眾僧有物。便作是念。天人所以供養衆僧者。皆蒙佛恩。供養佛者。便爲供養衆僧。卽持衆僧物修治塔者。此摩摩帝。得波羅夷。　若塔有物。衆僧無物。便作是念。供養僧者。佛亦在中。便持塔物。供養衆僧。摩摩帝用者。得波羅夷。　若塔無物。僧有物者。得如法貸用。但分明疏記。言某時貸用。某時得當還。若僧無物。塔有物。亦如是。若交代時。應僧中讀疏。分明付授。若不讀疏。越毘尼罪。若有二比丘。共財物應分。一比丘盜心獨取。除自分。他分滿。五錢。波羅夷。若同意取無罪。　若共作制限得物共分。既得物便言各任其相祿。是中半分滿者。波羅夷。（相謂相應。祿謂福祿。意謂任隨各人相應之福。若汝得者汝自取。若我得者我自取。如是則有違本約而爲貪盜。故犯重。）置物施主家作是語者。偷蘭遮。若知有施主作是語者。越毘尼罪。　二糞埽衣。比丘相約亦如是。　若僧物。有損應與。有益應與。云何損者。若有賊詣寺。索種種飲食。若不與或能燒劫寺內。雖不應與。畏作損事故。隨多少與。云何益者。若治衆僧房舍工匠。及料理僧物事者。應與前食後食。及塗身油非時漿等。若王及諸大勢力者。應與飲食。　有比丘失衣鉢。若未作捨想。後知處應從彼索。前云未作失想許令奪取還得是從賊劫論此從自失言若已作捨想。後知處從索越毘尼罪。若先作念言。後若知處當從索取得無罪。

根本律云。起盜心。興方便得惡作罪。即突吉羅觸彼物。窣吐羅底。即偷蘭遮舉離處。滿五錢。波羅市迦。不滿麤罪。亦即偷蘭遮　若是畜生邊物。觸彼物。惡作罪。舉離處。滿五錢麤罪。不滿惡作罪。　苾芻得地遺物。應可持付知僧事人。即維那也其知僧事人得此物已。於數日中應可。再三以物白衆。本主索者。可即將還。若無認者。入四方僧隨衆受用。若異此者。得越毘尼罪。

律攝云。盜事略有四種。一。對面強取。二。竊盜取。三。調弄取。四。因寄取。五。與已更奪取。此之五種。咸是盜取。　若是人物。旁生所偷人想取之。亦得本罪若旁生想。得突吉羅。　若遭旱時。決彼隄水將入己田。令他不熟。至實成就準價得罪。又或時遭澇。泄水下流損他苗。亦計直成罪。　獵師逐鹿走入寺中。隨傷不傷不還無罪。若鹿被箭入便死者。應還獵師。不應留礙。　若他田地。及園店等。意爲僧伽。意謂衆僧罪歸於己非理言競。官斷與時。彼心未捨。得窣吐羅。心若捨時。即得本罪。官不斷與。得窣吐羅。若就王斷。斷得便重。由斷事中王爲上故。若餘斷官。待他心息方犯。　若與賊同心。示彼舍處。後時受彼分。隨得招罪。此與教人取不同若以盜心教他取則物一離本處罪已在我今示賊彼舍處則賊劫時未必與是故須從受分時結罪然雖不受分事非比丘所爲亦得方便偷蘭遮罪　若後生悔。向彼物家報。遣防護。勿令失脫。設彼賊偷。皆方便罪。後雖受分。亦窣吐羅。　若與賊同行。欲爲盜事。中路而退。但得惡作。由怖爲伴。無心共彼。雖偷得。苾芻非犯。　若比丘持物至稅處。實是己財。決心迴與父母兄弟等。告掌稅者。此非我物。不與汝稅。或乘空去。或口含。或衣裏。或避路。並得麤罪。本律爲他持物過稅犯重由利歸己此中決心迴施無利可歸是以結輕須知事一心異有別　若爲父母及三寶事。持過稅處。應爲稅官種種說法。稱讚三寶。說父母恩。彼不取稅直者。無犯。若猶索直者。應與。　若三寶財。持過稅所。應取一分。酬彼稅直。後當均分。勿令偏少。 若夫實不言。苾芻妄說。從彼妻索。隨得物時。犯罪輕重。 有施物來。知非己分。言我合得者。窣吐羅罪。若受其分。準數成犯。物有現前十方及安居物不同故成犯 不請食。輒去食者。得惡作罪。 本師有緣。須向餘處。爲受利者非犯。謂和尚有緣他出弟子可以爲師取然取分時須告他知勿不囑言輒取他分 若爲他將物擬濟病人。聞彼身亡。物還本主。若及命在後方死者。此成亡物。 若掌庫人。自爲賊意。盜取他物。施與苾芻。施想受者無犯。此但受者無罪然掌庫人自得盜罪 若賊盜他物。為恐怖故。持施苾芻不應受。若作還彼主心受之無犯。　若知是賊首領者。隨意應受。既受得已。刀割染壞方便畜持。本主來索者。應還。　若盜故廢錢貝及破闕假偽者。皆準當時價直成犯。　若興方便。欲盜他財。觸著之後。便從主乞。彼與時。得前麤罪。　若初為貸。借後欲不還。決絕之時。便得本罪。　若偷弊服內有貴衣。後撿見時準物得罪。　若鼠盜己物。見時應取。若是鼠物。則不應收。鼠若持來。便成施主。為彼物想。應為受之。　若營事人為眾舉貸。若其身死以眾物償。他舉物時。他指餘人也報諸耆宿苾芻。明書券契。方可與也。 若苾芻被他盜時。不應倉卒。輒為捨意。後見應取。若見賊來。應現喚相。恐喝令去。捉得賊者。不應付官。先為說法。從乞其物。若不肯與。當酬半價。或復全還。已成衣鉢。卒難得故。 凡受事人閉寺門時。有其五別。謂上下轉鳴。鎖并副鎖。門關及扂。不閉賊偷。準事酬直。若闕一者。應還一分。乃至若總不著。即應全償。 若施主本心造立房寺。於此寺住者。與其供養苾芻輒將餘食。計直全還。　若爲病人。欲覓藥者。應問病人。何處求藥。如所教處覓之。根本目得迦云。凡主人見客來至。先應問彼是汝伴否。若索衣鉢與否。若言莫與而將與者。應酬彼價。若言與者。失不須酬。凡客苾芻至他房內。應問主人。若有人來索衣鉢者可與否。若言莫與而與者。討直酬價。若言與者。失不須酬。

五分律云。若比丘非同意人。輒作同意取其衣食。突吉羅。

十誦律云。若水中浮物來。比丘以偷奪心。選擇時。偷蘭遮。若捉留住。後水到前。或沈著水底。或舉離水。直五錢以上。波羅夷。 若盜佛舍利。偷蘭遮（此是逆罪偷蘭遮）若尊敬清淨心取。無罪。 盜經卷。隨計直犯。 盜塔寺精舍中供養具。若有守護。隨計直犯。取西拘耶尼人物。隨計彼物價犯。弗于逮亦爾。取鬱單越物無犯。 檀越請僧食。次未至。自言我應去。波逸提。得食時。隨計直犯（此為請僧而強去食者由不禁貪故犯）破鳥巢。取鳥巢。皆突吉羅。 憐愍心。解放他人畜生。突吉羅。　奪神像物。偷蘭遮。　一切捕獵物。
以快心壞。偷蘭遮。憐愍壞。突吉羅。
善見律云。若受人寄物。物主還取。答言。我不受汝
寄。突吉羅。令物主狐疑。偷蘭遮。此是妄語應得波逸提爲是盜方便
故結二方便罪物主言。我不得此物。波羅夷。主作失物心比丘得本罪
若偷人取物。比丘以偷心奪取物。離偷人身分。若
此人健。又奪物去。比丘雖不得物。亦波羅夷。以決
定得偷心。離本處故。　若檀越施衆僧果樹。或擬
衣服。或擬湯藥。衆僧不得分食。若以果樹爲四事

布施。比丘以盜心過分食。隨直多少結罪。　若爲作房舍施。衆僧迴食。得偷蘭遮。應還直。　若爲衣施。應作衣。若饑儉時。衆僧作白羯磨。爲飲食難。衆僧三衣已足。今且迴以食用。令衆僧得安樂。若衆僧和合。用食無罪。　若以衣施作房舍。若以房舍施作飲食。亦如是。和白食用無罪。　又寺中房舍多。無人修治。敗壞應留好者。餘麤敗壞得賣爲食用。爲護住處。
薩婆多論云。若自取欲盜五錢已上。或欲盜一錢。

乃至四錢。從始發足。步步輕偷蘭。乃至選揀取三錢已還。得輕偷蘭。四錢成重偷蘭。　若遣使取他物。當敎時。得輕偷蘭。　若敎取金乃取銀。此比丘不得波羅夷。以異敎故。得重偷蘭。以先方便故。若受使人不隨敎。從此至彼。受使比丘。步步輕偷蘭。敎他比丘無罪。　若盜僧物五錢已上。得重偷蘭。四錢以下。得輕偷蘭。而報罪甚深。若曳不離僧地。得輕偷蘭。　若舍屬一主。物不異主。若不離地。未出家界。步步輕偷蘭遮。　取非人五錢已上。重偷蘭遮。若四錢以下。輕偷蘭遮。非人者。天。與畜生盡名非人。

此戒大乘同制。三賢以捨心爲首。六度以檀度爲先。其爲菩薩者。於己身命財。尙行捨施。以濟衆生。豈可反盜他物而爲己有。若有犯此。懺悔如上。

引證首楞嚴經云。世界六道衆生。其心不偷。則不隨其生死相續。偷心不除。塵不可出。縱有多智禪定現前。如不斷偷。必落邪道。上品精靈。中品妖魅。下品邪人。

附考善見律云。婆帝利王。時供養大塔。有比丘從南方來。彼有七肘黃衣。置在肩上。入寺作禮。是時王與大眾入寺。驅逐諸人。諸人眾多。併疊一邊。大眾鬭亂。遂失衣。不見而出。比丘作捨心已。後有比丘。來見此衣。作盜心取。取已而生悔心。我非沙門失我戒也。時有律師。名周羅須摩那。善解律相。最爲第一。彼往至所。師知此罪可救。向罪比丘言。汝能得物主來不。我當安置汝罪。答言。云何能得。律師言。可次第寺寺而問。彼受教已遂逢物主。將至律師所。問言此汝衣不。答言是。問何處失。彼依事答。問汝捨心不。答已作捨心。又問罪比丘汝何處取。答某時某處。律師言。汝若無盜心取便無罪。汝惡心作取。得突吉羅罪。語物主言。汝已捨心。以衣與此比丘。答言善。師又曰。如是名爲觀時觀處。時者。取時此衣有時輕。有時重。若取輕。卽以輕時價直得罪。若取重。卽以重時價直得罪。又曰。此語難解。我今取人爲證。於海中間有一比丘。得椰子殼。端正具足。得已刻如螺盤無異。令人心戀。比丘常以飲水。以椰子。盤置海中寺。時有一比丘往海中。寺而見椰殼盤以盜心取已。復往支帝耶山用盤食粥。盤主見已而問。咄長老從何處得此盤也。此非汝物。是我許汝偷取也。卽捉到僧前衆中有一論師。名瞿檀多。極知方便問此比丘。於何處取椰子盤。答云海中聞取。又問云。彼價直幾。答言。彼土噉此椰子餘殼棄破。或然作薪。都無價直。問物主言。作此椰子盤堪幾直。答云削治作器堪一摩娑迦。論師言。若如是者不滿五摩娑迦。不犯重罪。雖然

不滿五分但直一錢者應作突吉懺悔所以判斷盜戒時先應問明物之本處復問盜物之時然後定罪方得宜也

毘尼止持會集卷第二終

音義

阿鼻地獄 阿鼻此云無間觀佛三昧經云阿言無鼻言救成論明五無間一趣果無間捨身生報故二受苦無間中無樂故三時無間定一劫故四命無間中不絕故五形無間如阿鼻縱廣八萬由旬一人多人皆徧滿故此五無間乃造五逆業者報之 婆沙論云贍部洲下過五百踰繕那乃有其獄然此地獄有大有小大獄有八一活二黑繩三合會四叫喚五大叫喚六熱七大熱八阿鼻獄如是八大地獄各有十六小地獄為眷屬八寒冰八炎火八炎火者一炭坑二沸屎三燒林

四劍林五刀道六鐵刺七鹹河八銅橛八寒氷者一小多有孔二無孔三阿羅羅寒顫聲四阿婆婆患寒聲五睺睺亦患寒聲六漚波羅外逼作青蓮華色七波頭摩紅蓮華色八摩訶波頭摩

煩惱 卽百八煩惱也昏煩之法惱亂心神故名煩惱謂眼耳鼻舌身意六根對色聲香味觸法六塵各有好惡平三種起苦受樂受不苦不樂受復成十八煩惱共成三十六種更約過去未來現在三世各有三十六種總成百八煩惱也

他化自在天 謂假他所化以成已樂故此天依空而居卽魔王天按論云人間一千六百年爲此天一晝夜則人間五十七萬六千年方爲此天一年若此天壽十六千歲則該人間九百二十一億六百萬年矣

泥犂 卽地獄也秦言無有無有喜樂無無氣味無無歡無利故云無有

三魔 一煩惱魔謂三界中一切妄惑也修行之人爲此妄惑惱亂心神不能成就菩提是名煩惱魔而五蘊魔亦攝其中 二天魔此魔卽欲界第六天攝也

若人勤修勝善欲超越三界生死而此天魔爲作障礙發起種種擾亂之事令行人不得成就出世善根是名天魔　三死魔謂四大分散夭喪殞歿也行人爲此夭喪不能續延慧命是名死魔

兜率天　兜率此翻知足謂於五欲境知止足故此天依空而居按論云人間四百年爲此天一晝夜則人間十四萬四千年方爲此天一年若此天壽四千歲則該人間五十七億六百萬年矣

故二　故者舊也梵語褒羅那地那此云舊第二或云本二謂捨俗出家無復妻名以其本在俗時妻次故因名之爲故二也

如夢所見　凡所有相皆如夢幻不實

釋子　增一阿含經云佛告諸比丘有四姓出家者無復本姓但言沙門釋子所以然者生由我生成由法成其猶四大河皆從阿耨達池出此方東晉安法師受業佛圖澄乃謂師莫過佛宜通稱釋氏後斯經來懸合聖意而道安法師乃印手菩薩一轉也復有四句分別一是釋子非沙門乃王種也二是沙門非釋子婆

羅門也三是沙門是釋子比丘也四非沙門非釋子二賤姓也**惡律儀**謂法所不應作名曰惡律儀有十二種一屠羊屠者殺也謂人或以自食而常宰殺或因取利販賣而常宰殺　二養雞謂因嗜其肉味以充口體常自畜養意圖烹殺　三養猪謂或因自欲充於口腹或因販賣求利以資其生而畜養之　四捕鳥謂以殺心故網捕禽鳥或食或賣傷害生命　五捕魚謂以殺心故而用網罟取捕諸魚或食或賣傷害物命　六獵師謂以殺心獵捕一切禽獸或食或賣傷害物命　七作賊謂見一切物常懷劫盜之心不思物各有主妄行攘竊賊害於人　八魁膾乃為官操刃行刑之人謂人本同類彼雖犯法理固當死然習為操刃之業以害其生實為惡行　九守獄謂為獄吏守其牢獄以杻械枷鎖非理陵虐罪囚無慈善心　十呪龍謂習諸邪法呪術呪於龍蛇以為戲樂　十一屠犬謂殺犬以資利養　十二伺獵謂作獵主伺捕禽獸以利其生而自積罪業

黃

一

門梵語般吒阿毘曇譯為閹人以無男根故律有五種黃門謂生黃門形殘黃門妒黃門變黃門半月黃門僧祇律云是不能男有於六種一生謂從生不能男二揵破謂妻妾生兒共相妒嫉小時揵破三割卻謂若王若大臣取人割卻男根以備門閣四因他謂因前人觸故身根生起五妒謂因見他人行婬然後身根生起六半月謂半月男半月不能男是謂六種

閹音淹

嚙同咬

陶師陶師乃作瓦之家經音義云按西域地卑濕不得為窰但累坯器露地燒

檀尼迦或云檀膩迦或云但尼迦或云達膩迦或云陀尼迦善見律云檀尼迦是名此比丘是瓦作家子善能和泥作屋窗牖戶扃悉是泥作唯戶扇是木取柴薪牛屎及草以赤土污塗外燒之熟已赤色如火打之鳴喚狀如鈴聲風吹窗牖猶如樂音

摩竭國亦云摩竭提或云摩竭陀或云摩伽陀此翻善勝或有譯云摩者不也竭提至也將謀兵勇鄰敵不能侵至也又有云摩偏也竭提聰慧也言

聰慧之人偏其國內又有云摩者大也竭提體也謂五印度中此國最大統攝諸國故名大體又云摩者無也竭提害也言此國法不行刑戮其有犯死罪者送至寒林耳又有釋云此言無惱又言不害皆謂劫初已來無刑害故至瓶沙王截指爲刑後自齧指指痛復息此刑佛當生其地故吉兆預彰所以先置不害之名也

瓶沙王 此翻模實身模充實故又翻形牢亦云影堅影謂形影亦云形勝又名頻婆娑羅此云顏色端正皆取本分强壯殊好爲義其形長大性行雄猛常自躬爲征戰

居士 楞嚴云愛談名言清淨自居什師曰外國白衣多財富樂者名爲居士普門疏云以多積財貨居業豐盈謂之居士鄭康成曰道藝處士也

迦樓 或作迦留或作迦羅迦羅秦言黑此比丘是瓶沙王舊大臣善知世法故佛問之然後隨國法結戒

甕 翁去聲汲水缾

市肆 古今注云肆陳也店置也肆所以陳貨鬻之物也店所以置貨鬻之物也肆亦列也謂列其貨賄於

市長謂年耆德艾事長於人又厚德自居曰長也

長者 耆有十德一姓貴二位高三大富四威猛五智深六年耆七行淨八禮備九上歎十下歸

旁生 梵語帝利耶瞿榆泥伽此云旁行此道眾生多覆身行婆沙論云其形旁故其行亦旁又云因行不正受果報旁負天而行故云旁行

畢陵伽婆蹉 此云餘習每於恆河欲過即呼龍王云小婢斷流水即兩分尊者過已水復合之如是頻頻渡河常呼龍王為小婢龍以所輕往白世尊佛敕尊者與龍求悔後勿輕呼至於正求悔時仍呼龍云小婢我與求悔佛語龍云此非輕爾彼八十億劫常為尊上今以餘習未盡故如是實非為有意輕汝龍王聞佛所說由是無瞋

黠了 音轄黠慧能明了事

天眼 能見六道眾生死此生彼苦樂之相及見一切世間內種種形色無有障礙故名天眼通非礙

卒 孫入聲

毘尼止持會集卷第三

金陵寶華山宏律沙門讀體集

第三殺戒

殺者。喪已本慈。斷他命根。最惡不良之事。此是性罪。縱未受佛戒。世間法爾有罪。國制殺人。會須償命。若犯佛戒。必墮三塗。苦嬰長劫。非山非海中脫之不受報。

若比丘。故自手斷人命。持刀與人。歎譽死。快勸死。咄。男子。用此惡活爲。寍死不生。作如是心思惟。種種方便歎譽死。快勸死。是比邱波羅夷。不共住。

〔緣起〕佛遊毘舍離。獼猴江邊講堂中。說不淨觀。歎不淨觀。歎思惟不淨觀。不淨觀亦名九想觀此九種不淨觀法想念純熟心不分散若得三昧成就自然貪欲殄除惑業消滅得證道果此之九想雖是假想作觀然用之能成大事譬如大海中死屍溺人附之卽得渡也 一胖脹想謂修行之人心想死屍見其胖脹如韋盛風異於本相是爲胖脹想 二青瘀想既觀胖脹已復觀死屍風吹日曝皮肉黃赤瘀黑青黤是爲青瘀想 三壞想既觀青瘀已復觀死屍風日所變皮肉裂壞六分破碎五臟腐敗臭穢流溢是爲壞想 四血塗漫想既觀壞已復觀死屍從頭至足遍身膿血流溢汚穢塗漫是爲血塗漫想 五膿爛想既觀塗漫已復觀死屍身上九孔蟲膿流出皮肉壞爛狼籍在地臭氣轉增是爲膿爛想、六蟲噉想既觀膿爛已復觀死屍蟲蛆唼食鳥獸咀嚼殘缺剝落是爲蟲噉想　七散想既觀蟲噉已復觀死屍爲禽獸所餐分裂破散筋斷骨離頭足交橫是爲散想　八骨想既觀散已復觀死屍形骸暴露皮肉已盡但見白骨狼籍如貝如珂是爲骨想　九燒想既觀骨已復觀死屍爲火所燒爆裂煙臭白骨俱然薪盡火滅同於灰土是爲燒想比邱聞已。習不淨觀。厭患身命。求刀欲自殺。時有比邱。字勿力伽難提。是沙門種出家。言沙門種是姓手執利刀。入婆裘園。有一比邱語言。大德。斷我命。來。我以衣鉢與汝。卽受僱斷其命。詣江洗刀。尋生悔恨。時有天魔立水讚善哉。善男子。汝今獲大功德。度不度者。時勿力伽難提悔心卽滅復入園中殺諸比丘至六十八園中死屍狼籍居士驚怪譏嫌時佛觀衆減少知而故問阿難具白上事佛乃集衆告諸比丘有阿那般那三昧寂然快樂諸不善法卽能滅之永使不生

阿那般那此翻遣來遣去卽十六特勝法門也法界次第初門云一知息入二知息出三知息長短四知息徧身五除諸身行並屬身念處觀六受喜七受樂八受諸心行此三屬受念處觀九心作喜十心作攝十一心作解脫此三屬心念處觀十二觀無常十三觀出散十四觀離欲十五觀滅十六觀棄捨此五幷屬法念處觀又知入知出正依隨息爲門得麤細住及欲界定則知長短入未到地則知徧身得初禪則除身行受喜受樂受諸心行得二禪則心作喜作攝得三禪則心作解脫得四

禪則觀無常得空處則觀出散得識處則觀離欲得無所有時則能觀滅得非有想非無想時則觀棄捨此與根本四禪四定一往雖同觀行有別行人若於地地修觀照了則地地之中顛倒不起心不染著隨其因緣會處即於是地發眞無漏證三乘果說是三昧已與諸比丘集十句義結戒凡爲殺者並由癡故於事不忍內懷瞋恨斷他命根制斯學處

僧祇律云佛成道六年冬分第三半月九日食前爲勿力伽難提制此戒（準此方正當九月二十四日也）

善見律云如來以天眼觀往昔有五百獵師共入阿蘭若處殺諸羣鹿以此爲業墮三惡道受諸苦

惱。經久得出。昔有微福。得生人間。出家爲道。宿殃未盡。於半月中。更相殺害。諸佛所不能救。於此五百人中。有四果聖衆。生死有際。有餘凡人。輪轉無際。是故爲說不淨觀。欲得生天上。本不致死。但不可以神力救護。是故爲說不淨觀已。半月入於靜室。唯聽一人送食。勿使諸人。作如是言。佛是一切智。而不能斷諸弟子相殺。以世尊入定。無人得往說如此事耳。

薩婆多毘婆沙云。佛一切智。何故敎諸比丘令得如是衰惱。若不知者。不名一切智。答曰。佛一切等教。爾時不但六十人受不淨觀。佛敎法無有偏。但受得利。有多有少。佛深知衆生根業始終。必以此法因緣。後得大利。六十比丘迦葉佛所受不淨觀法。不能專修多犯惡行。命終入地獄中。今佛出世。罪畢得生人間。墮下賤家。出家入道。以本緣故應受此法。旣命終已。得生天上。於天下來。從佛聽法。得獲道迹。以是因緣佛無偏也。

〔釋義〕文分二節。故自手斷人命下。正明所犯之事。

是比丘下。結成所犯之罪。律云。人者。初識至後識。而斷其命。此識即第八阿賴耶識名曰藏識以其無法不含無事不攝故又名持業識能持一切善惡種子故瑜伽云此識最初於母腹托胎之時如磁石吸鐵是名初識乃至命將終時冷觸漸起唯有此識能執持身此識若捨四大分散是名命終識所謂去後來先作主也是名後識又一切眾生皆以受煖識三色心相連不斷名爲命根今使彼色心不相續名爲命斷　薩婆多論云人中有三皈五戒波羅提木叉戒故又沙門四果多在人中得佛與辟支佛必在人中得漏盡故也是以害人得波羅夷餘道不得　又則故字應貫下歎勸此正是作業之心顯非誤錯也咄者是警策令知男子者是呼召之言殺者。若自殺。謂若以手。若瓦石刀杖。及餘物而自殺。若教殺。謂殺時。自看殺。前人擲水火中。若山上推著谷底。若使惡獸噉。或使蛇螫。及餘種種教殺。　若遣使殺。謂比丘遣使斷某甲命。隨語往斷。　若往來使者。比丘遣使斷某甲命。隨語往欲殺。未得殺便還。即承前教復往殺。若重使殺。謂比丘遣使。汝去斷某甲命。續復遣使。乃至四五。彼使即往殺。　若展轉遣使殺。謂比丘遣使。汝斷某甲命。彼使復轉遣使。若百若千。往斷其命。　若求男子殺。謂是中誰知有如是人。能用刀。有方便。久習學。不恐怖。不退。能斷某甲命。彼使卽往斷其命。　若敎求男子殺。亦如上敎人求。若求持刀人殺。謂自求。誰勇健能持刀。斷某甲命。彼卽往殺。　若敎求持刀人殺。亦如上敎人求。若身現相。謂身作相殺。令墮水火中。從山上墮谷底。令象蹋殺。令惡獸毒蛇噉螫。彼因此現身故自殺。　若口說。卽正制中歎譽死快勸死也或作是說。汝所作惡。無仁慈。懷毒意。不作衆善行。汝不作救護。汝生便受罪多。不如死。此以作惡業多而歎勸死若復作如是語。汝不作惡暴。有仁慈。不懷毒意。汝已作衆善行。汝已作功德。汝已作救護。汝生便受眾苦。若死當生天。因此言故便自殺。此以作善業多而歎勸死身口現相者。亦如是。若遣書殺。謂執書言。汝所作善惡。如是廣說如上。遣使書殺者。亦如上說。若坑陷。謂審知彼所行道。必從是來往。當於道中。鑿深坑。著火。若刀。若毒蛇。若尖杙。若以毒塗刺。令墮坑中死。若倚發。謂知彼人必當倚發彼處。若樹。若牆。若柵。於彼外。若著火。若刀。若杙。若毒蛇。若毒塗刺。機發使墮中死。若與藥。謂知彼人病。與非藥。或雜毒。或過限與種種藥使死。　若安殺具。謂先知彼人。本來厭患身命。惡賤此身。卽持刀毒若繩。及餘死具。置之於前。若彼用一一物自殺。卽正制中持刀與人結罪是中犯者。若作如是自殺。乃至安殺具。及餘方便殺。人死者。一切波羅夷。　方便不死。一切偷蘭遮。

若天龍八部鬼神。及與畜生中。有智解人語者。若復有能變形者。方便求殺。死者。盡偷蘭遮。　方便不死。盡突吉羅。

畜生不能變形。若殺。波逸提。　方便不死。突吉羅。實人。人想。殺波羅夷。人疑。殺。偷蘭遮。　非人。非人想。非人。人想。非人疑。皆偷蘭遮。

第四分云。若衆多比丘。遣一人斷他命。一切波羅夷。　若比丘呪藥。呪華鬘。呪熏香衣服。呪死。盡波羅夷。　方便墮他胎。波羅夷。母死兒活無犯。但得偷蘭遮。所起殺心不因其母本在其兒兒活得偷蘭遮母死無犯此戒具足四緣。方成本罪。一是人。二是人想。三有殺害心。四令命斷。如緣闕一。律制有開。

〔兼制〕比丘尼波羅夷。此同制式叉摩那。沙彌。沙彌尼突吉羅滅擯是爲犯。同學戒

〔隨開〕不犯者。若擲刀杖瓦石誤著彼身死。若營事作房誤墮墼石材木椽柱殺人。若重病人扶起。若扶臥浴時。服藥時。從涼處至熱處。熱處至涼處。出入房向廁往返。一切無惡心而死。及最初未制戒。癡狂心亂。痛惱所纏。是爲不犯。

〔會採〕僧祇律云。用刀治愛處。偷蘭遮。愛處者離穀道各四指

若比丘在道經行。有先怨嫌人來問道。便作念

我今得是人便當示指令死使無一活便指示惡道若王難若師子虎狼毒螫等惡道指示時得越毘尼罪若受苦痛時得偷蘭遮罪若死波羅夷

五分律云入母胎後四十九日名為似人過此盡名為人若似人若人殺者盡波羅夷似人者謂托母胎初得二根始處緣時父母精合自識處中得身命二根過七七日六根具足成人形相故曰似人若作書令彼殺字字偷蘭遮書至彼彼因是死波羅夷

若作相似語教人殺彼因此死波羅夷　凡發殺心時突吉羅作方便時偷蘭遮死者波羅夷

有二比邱相瞋。後共道行。於路相打。一人遂死。佛言無殺心不犯重。瞋打比邱波逸提。從今不聽相瞋未悔者共道行。犯者突吉羅。　欲殺彼。而誤殺此。偷蘭遮。

十誦律云。若爲人作坑柝弶羅等。人因是死波羅夷。若不卽死。後因是死。亦波羅夷。後不因死。偷蘭遮。　若爲非人作。非人死者。偷蘭遮。人死畜生死。皆突吉羅。此因殺心結罪初舉念不在人畜故若爲畜生作。畜生死者波逸提。人非人死。皆突吉羅。此突吉羅罪此從殺心作坑而得非

因人非人而得也　若不定一事作。諸有來者皆令死。人死。波羅夷。非人死。偷蘭遮。畜生死。波逸提。都無死。一偷蘭遮。二突吉羅。　自斷陰。偷蘭遮。自斷指。突吉羅。　殺化人。偷蘭遮。　殺心打人不死。偷蘭遮。看病久生厭心。置令死。偷蘭遮。　令趣得藥食便服死者。偷蘭遮。　破未熟癰瘡。死者偷蘭遮。破熟癰無罪。

摩得勒伽云。欲殺凡人。誤殺羅漢。欲殺羅漢。誤殺凡人。欲殺父。誤殺母。欲殺母。誤殺父。皆偷蘭遮。不得逆重。殺盜二戒論心成罪不論事重今於所欲殺者事猶未遂故結方便然所誤殺者實無殺心故不得重罪若先作殺母方便已。而自後死。母先死重逆。自先死。後母死。偷蘭遮。父羅漢亦如是。

律攝云。若方便遣殺他人。後起悔心。不欲其死。前人雖死。但得窣吐羅。　或於寒夜露地。令凍人女。人男作有命想。因茲致死。他勝罪。　看病比丘情生勞倦。或作惡念。望彼資財。或出忿言。任汝死去。我不能看。因致死者。得麤罪。現有宜食。與不宜者。看病之人。亦得麤罪。　見他苾芻病將欲死。自己衣鉢更不修治。彼若身亡。所有衣資。我當合得。此乃旃荼羅意。得越法罪。　若口疾行刀刺者。卒吐羅罪。無醫可求。刺之無犯。　若患痔之人。不應割截。應將藥咒方便蠲除。　若見有情。或被水漂。或時渴偪。不手接。不與水。見其欲死。有餘方便。堪得相濟。而不救者。或雖不願死。作捨受心。彼若終並得麤罪。　苾芻自打生支。佛言理應打此。翻更打餘。無智比丘。是得惡作罪。

薩婆多論云。若敎一人殺彼人。而受使者。更使異

人。如是展轉。乃至十人。最後人殺時。盡得波羅夷

若比丘。善知星曆陰陽龜易。解國興衰。軍馬形勢。若以比丘語故。征統異國。有所殺害。兼得財寶。皆得殺盜二波羅夷。

若以刀杖欲殺故。或杖打刀刺。不尋手死。十日應死。後更異人打。即尋杖死。打死。比丘得波羅夷。先打比丘得重偷蘭遮。

善見律云。若比丘有殺心。掘地作坑。令某甲墮中死。初掘出地。得突吉羅罪。若墮坑受苦。得偷蘭遮罪。若死得波羅夷罪。若餘人墮死者。比丘無罪。以作

坑時唯在某甲行殺而爲雖是同倫墮中皆攝誤傷故開若爲一切作坑人墮死波羅夷若父母墮死波羅夷逆罪若坑深有人擔食糧落坑中不卽死後噉食盡必定死無有出期初落坑作坑者已得波羅夷若作坑本擬殺人人不來而自誤墮坑死初作坑時得突吉羅罪若供養時有怨家比邱在眾中坐爲闇所蔽而不知來作是言此某甲賊何不殺之毒蛇何不螫之人何不毒藥之我意極樂彼人死作如是咒悉得突吉羅罪若知來坐去已作如是咒亦得

突吉羅罪。

此戒大乘同制。菩薩四宏。度生爲首。大乘木叉殺戒居先。應起常住慈悲心。方便利濟。非若聲聞自利。是以尤當更嚴。犯懺如上。

引證 首楞嚴經云。又諸世界。六道衆生。其心不殺。則不隨其生死相續。殺心不除。塵不可出。縱有多智禪定現前。如不斷殺。必落神道。上品之人。爲大力鬼。中品則爲飛行夜叉。

善見律云。比丘病極困。諸比丘見彼病重。以慈悲心而唱言。長老長老。持戒具足。因畏死故。而受今苦。長老若死。可必定生天。病比丘聞語而念言。諸比丘皆讚我持戒具足。死必生天。而不食取死。讚者得波羅夷。是故有智慧比丘。往看病人。愼勿讚死。正可說言。長老持戒具足。莫戀著住處及諸衣物知識。但存念三寶及念身不淨。三界中愼莫懈怠隨壽命長短。若此病比丘。因語而死。如是因說法。死無罪。或說苦空無常不淨觀。人聞此而自取死不犯。

第四妄語戒

妄語者。斯乃大妄。未證謂證。未得謂得。心行不真。欺貪利養。修行分中最不善事。此是性業。設使不受佛戒。詐偽謀財。世間法爾有罪。但犯佛戒。妄言證聖。墮三惡道。

若比丘實無所知。自稱言。我得上人法。我已入聖智勝法。我知是。我見是。彼於異時。若問若不問。欲自清淨故作是說。我實不知不見。言知言見。虛誑妄語。除增上慢。是比丘波羅夷。不共住。

〔緣起〕此戒有二制。時佛遊廣嚴城。獮猴江邊。重閣講堂。時世穀貴。人民饑餓。乞食難得。世尊告諸比丘。汝等有同和尚。同師。隨親厚知識。各共於此毘舍離左右。隨所宜安居。我亦當於此處安居。何以故。飲食難得。念衆疲苦。時諸比丘如佛教命。各散隨宜。有婆裘河邊。僧伽藍中。安居者。向諸居士自說我得上人法。並讚歎彼某甲比丘。亦得上人法。而諸居士信其言說。即以飲食供養。不爲飲食所苦。安居既竟。往見世尊。佛慰問已。具以上事白佛。佛言。汝等癡人。有實。尚不應向人說。況復無實。而向人說。世尊告諸比丘。世有二賊。一者。實非淨行。自稱淨行。二者。為口腹故。不眞實非已有。在大眾中。故作妄說。自稱言得上人法。是中第二。是最上大賊。何以故。以盜受人飲食故。以無數方便訶責已。與諸比丘集十句義結戒。此初制也。此由癡故因求利養事。及求利養煩惱。制斯學處。　爾時有一增上慢比丘。語人言。我得道。彼於異時。精進不懈。勤求方便。證最上勝法。聞佛結戒已。自疑有犯。語諸比丘。白佛。佛言。除增上慢者不犯。是第二制。

僧祇律云。佛成道六年冬。分第四。半月十三日。食後制戒。（此方正當十月十二日也。）

【釋義】文分四節。實無所知下。正明所犯之事。彼於異時下。是欲清淨發露之詞。除增上慢。是無罪開條。是比丘下。結成所犯之罪。律云。不知不見者。實無所知。自稱者。自稱說有戒施聞智慧辯才。人法者。人陰。（五陰。）人入。（六入。）人界。（十八界。）上人法者。諸法能出要成就。自言念在身。自言正憶念。自言持戒。自言有欲。自言不放逸。自言精進。自言得定。自言得正受。自言有道。自言修。自言有慧。自言見。自言得果。　自言念在身者。有念能令人出離。狎習親附此法。修習增廣。如調伏乘。守護觀察善得平等。已得決定。無復艱難。而得自在。　自言正憶念者。有念能令人出離等。如上說。是爲自言正憶念。　自言持戒。自言有欲。自言不放逸。自言精進。亦如上說。　自言得定。得正受者。有覺有觀三昧。無覺有觀三昧。無覺無觀三昧。空。無相。無作三昧。狎習親附。思惟此定正受。餘如上說。　自言有道者。從一支

道乃至十一支道狎習親附思惟此道餘如上說

自言修者修戒定慧解脫狎習親附餘如上說

自言有智者法智比智等智他心智狎習親附思惟此智餘如上說　自言見者見苦集滅道若復作如是言天眼淸淨觀諸衆生生者死者善趣惡趣知有好醜貴賤隨衆生業報如實知之狎習等如上說　自言得者得須陀洹斯陀含阿那含向狎習親附餘如上說　自言果者須陀洹乃至阿羅漢果狎習等如上說故云我已入聖智勝法

我知是。我見是也。彼於異時。若問若不問等者。律攝云異時等言但令犯戒設不自說已得本罪餘人於彼但可生疑未得即作不共住事是故須有異時等言若問者被他清淨有智比邱而來檢問汝言得上人法已入聖智勝法已知見者汝以何法得從誰得於何處得得時為云何如是檢問方答云我實不知不見而言知見是虛誑妄語若不問自生慚愧欲求清淨亦如是說 除增上慢者。由其原無虛誑之心是故不攝妄語罪彼因在阿練若修習止觀暫得成就降伏煩惱自謂永斷後遊人間不攝諸根煩惱更起大生慚愧勤求方便精進不怠證阿羅漢果斯時稀有如是增上慢者

〔結罪〕是中犯者。若比邱如是虛而不實。不知不見向人說言。我得上人法。前人知者。波羅夷。 說而

不知者。偷蘭遮。

若遣手印。若遣使。若書。若作知相。他若知者。盡波羅夷。若不知者。盡偷蘭遮。

若自在靜處。作不靜想。若不靜處。作靜想。口自說。我得上人法。偷蘭遮。

向天龍神鬼及能變形有智畜生。說得上人法。偷蘭遮。說而不知者。突吉羅。　畜生不能變形者。向說得上人法。突吉羅。

若人實得道。向不同意大比丘說得上人法。突吉羅。若爲人說根力覺意解脫三昧正受我得是波羅夷。

人作人想說本罪人疑人非人想非人人想非人疑盡偷蘭遮。此戒具足六緣方成本罪一實無所知二所說是上人法三有故妄語心四所對是人五是人想六前人領解若緣不具律制有開。

〔兼制〕比丘尼波羅夷（此同制同學戒）式叉摩那沙彌沙彌尼突吉羅滅擯是爲犯。

〔隨開〕不犯者向同意比丘說上人法若向人說根

力覺意解脫三昧正受不自稱言我得若戲笑說或疾疾說屏處獨說夢中說欲說此錯說彼及最初未制戒癡狂心亂痛惱所纏是爲不犯

會採僧祇律云若說義不說味得偷蘭遮謂自稱說我不稱羅漢　若說味不說義得越毘尼罪謂稱說羅漢不自稱說我　若說義說味得波羅夷謂自稱說我是阿羅漢　若不說義不說味得越毘尼罪謂作阿羅漢相或合眼以手指語前人言汝愚癡人不知其尊譬如優曇鉢華時一出而不

知貴。

五分律云。有八種得波羅夷罪。一者。先作是念。我當虛妄說過人法。過人法。即上人也。二者。當說時作是念。我今虛妄說得過人法。三者。作是念。我已虛妄說得過人法。四者。異見說得過人法。異見。即不見也。五者。異想說得過人法。六者。異忍說得過人法。異忍。即未證也。七者。異樂說得過人法。異樂。謂未得眞法樂。言得。八者。不隨問答說得過人法。即自說也。皆得波羅夷。　又云。盌噉燒石吞烊銅。不以虛妄食人信施。世間有五大賊。一者作百人千人主。破城聚落。害人取物。二者。有惡比丘。將諸比丘。遊行人間。邪命說法。三者。有惡比丘。於佛所說法。自稱是我所造。四者。有惡比丘。不修梵行。自言我修梵行。五者。有惡比丘。爲利養故。空無過人法。自稱我得。此第五賊名爲一切世間天人。魔梵沙門婆羅門中之最大賊。　又云。爲利養故。種種讚歎他戒。定。慧。解脫。解脫知見成就而竊以自美。偷蘭遮。　爲利養故。坐起行立。言語安庠。以此現得道相。欲令人知。偷蘭遮。

十誦律云。有人問比丘言。汝是阿羅漢。不。若默然者。偷蘭遮。應言我非阿羅漢。

薩婆多毘婆沙云。自言持戒清淨。婬欲不起。若不實者。偷蘭遮。　無所誦習。而言我有誦習。悉偷蘭遮。誦習者。非經律論。師自言。經律論。師非坐禪。住阿蘭若自言是。摩得勒伽云。若言我不墮三塗。偷蘭遮。　言我已離結使煩惱波羅夷。　向聾人。瘂人。聾瘂人。入定人說。偷蘭遮。

若問得果。不答言得。而示以手中果。偷蘭遮。

律攝云。苾芻顯勝法在己。云有苾芻。得如是等、勝妙之事。然不自言是我者。並窣吐羅罪。

善見律云。我欲入聚落乞食。著衣持鉢。現聖利相乃至食竟。悉突吉羅罪。若得利養。若不得利養。悉突吉羅罪。　若有阿練若。比丘立制。坐此樹下。此處經行者。得阿羅漢。我等應以香華供養。有惡比丘欲得此供養。往坐行者。犯波羅夷。　若有白衣作寺。入我寺者。是阿羅漢。有惡比丘入此寺者。犯波羅夷。　若衆僧立制。於夏三月中。莫語莫眠莫受檀越供養。如是非法制。不從不犯。

此戒大乘同制。菩薩以直心是道場。不妄不誑眞語實語。若有利益。善巧攝生。方便有開。設因利養有犯。懺悔如上。

【引證】根本律云。芭蕉若結子。竹葦生其實。如騾懷姙時。斯皆還自害。利養及名譽。愚人所愛樂。能壞衆善法。如劍斬人頭。

首楞嚴經云。如是世界。六道衆生。雖則身心無殺盜婬。三行已圓。若大妄語。卽三摩提不得清淨。成愛見魔。失如來種。所謂未得謂得。未證言證。或求世間尊勝第一。謂前人言。我今已得須陀洹果。乃至羅漢道。辟支佛乘。十地地前諸位菩薩。求彼禮懺貪其供養。是一顚迦。銷滅佛種。如人以刀斷多羅木。永殞善根。無復知見。沈三苦海。不成三昧。
涅槃經云。一切衆生。雖有佛性。要因持戒。然後乃見。因見佛性。得成阿耨多羅三藐三菩提。若有說言。佛說一切衆生。悉有佛性。煩惱覆故。不知不見。是故應當勤修方便。斷壞煩惱。作是說者。當知不犯四重。若有說言。我已成就阿耨多羅三藐三菩提。何以故。以有佛性故。有佛性者。必定成阿耨多羅三藐三菩提。以是因緣。我今已得成就菩提。當知是人犯波羅夷。何以故。雖有佛性。以未修習。諸善方便。是故未見。以未見故。不能得成菩提。

第四分云。死人有五不好。一不淨。二臭。三有恐畏。四令人恐畏。惡鬼得便。五惡獸非人所住處。犯戒人亦如是。一身口意業不淨。二惡聲流布。三諸善比丘畏避。四諸善比丘見之生惡心言。我云何乃見如是惡人。五與不善人共住。　又破戒有五過失。一自害。二爲智者所訶。三惡名流布。四臨終時生悔。五死墮惡道。復有五事。一先所未得物不能得。二既得不護。三隨所在衆中有愧恥。四無數由旬內人稱說其惡。五死墮惡道。有五法名爲大賊長壽。作大罪不被繫縛。何等五。若住無定處。有好伴。若多刀杖。若大富多財寶。有捉者賂之。若有大人親友。或依止王及大臣。有捉者護之。若於遠處作賊而還。破戒比丘亦有五法。多作衆罪。不速爲他所舉。若住無定處。有伴黨。若多聞能憶持。

初中下言悉善有文有義具說淨行而不能善心思惟深入正見若能得四事供養有舉者賂之若有大人為親厚或上座及次座有舉者護之若在空野中住來至大家求覓利養是為五法同彼大賊。

善見律云一切作諸惡法無人不知初作者護身神見次知他心天人知如此之人天神俱見是故大叫喚展轉相承傳至梵天置無色界餘者悉聞。

優婆塞五戒相經云佛告比丘吾有二身生身戒

身若善男子。爲吾生身起七寶塔。至於梵天。若人虧之。其罪尙有可悔。虧吾戒身。其罪無量。

〔附考〕律攝云。何故初三他勝。先婬後殺。逆次而說。不如餘處殺盜婬妄。而爲次第。此依犯緣前後而說。又依由前引生後故。由不淨行。便行偸盜。旣行盜已。遂殺怨家。殺已問時。便作妄語。又復煩惱最強盛者在前而制。此四他勝。其相云何。謂無厭離。不忍不諍。然無厭離。最強盛者。立爲初二。一於婬欲。二於資財。不忍故行殺。不諍故妄語。

薩婆多毘婆沙云。初破一戒。已毀破受道器名波羅夷。後更殺人得突吉羅。實罪雖重無波羅夷名。以更無道器可破故。初四波羅夷法竟

二僧伽婆尸沙法

共有十三條。十誦律云。僧伽婆尸沙者。是罪屬僧。僧中有殘。因眾僧前悔過得滅。是名僧伽婆尸沙。

根本律云。僧伽者。若犯此罪。應依僧伽而行其法。及依僧伽而得出罪。婆尸沙者。是餘殘義。若於四事。隨犯其一。無有餘殘。不得共住。此十三法。有餘

殘可治。故名僧殘。

毘尼母云。僧殘者。如人為他所斫。殘有咽喉。名之為殘。如二人共入陣間。一為他所害命絕。二為他所害命根少在不斷。若得好醫良藥。可得除瘥。若無者。不可瘥也。犯僧殘者。亦復如是。有少可懺悔之理。若得清淨大眾。為如法說懺悔除罪之法。此罪可除。若無清淨大眾。不可除滅。是名僧殘。

經云。犯僧伽婆尸沙。如化樂天壽八千歲。墮泥犁中。人間八百年為天一晝夜。於人間數二十三萬零四百萬年。

此泥犁卽大叫喚地獄。謂獄卒。置罪人鐵鑊中。號咷大叫故。

第一故弄失精戒

若比丘。故弄陰失精。除夢中。僧伽婆尸沙。

緣起　此戒有二制。時佛遊舍衞城。迦留陀夷。欲意熾盛。顏色憔悴。身體損瘦。隨念憶想。弄失不淨。諸根悅豫。顏色光澤。親友比丘。問知其故。具白世尊。世尊以此因緣。集僧訶責迦留。云何於我清淨法中出家。作穢汚行。汝愚人舒手受人信施。復以此手弄陰出精。與諸比丘集十句義結戒。一攝取於僧。乃至第十。令正法久住。此是初制也。時佛結戒已。有一比丘亂意睡眠。於夢中失精。有憶念。覺已疑犯。因是白佛。佛言。亂意睡眠有五過失。一惡夢。二諸天不護。三心不入法。四不思惟明相。五於夢中失精。善意睡眠。有五功德。反上可知。故有除夢中無犯。第二結戒也。由癡無智。故依婬事及婬煩惱。制斯學處。乃初篇婬根本種類。

〔釋義〕文分三節。故弄等。正明所犯之事。除夢中是開條。僧伽等。結成所犯之罪。律云。故弄者。實心故作。精者。有七種。青色者。轉輪聖王精。黃色者。輪王太子精。赤色者。犯女色多精。白色者。負重人精。黑色者。輪王第一大臣精。酪色者。須陀洹人精。酪漿色者。斯陀含人精。若為樂故出精。為自試故出。為福德故出。自試者。試探已精七種之色。福德者。為求福德故而弄出精也。為祭祀故出。為生天故出。為布施故出。爾時一婆羅門居閑靜處誦持外道呪術彼經所記若故墮精者命終生天彼欲求天道常弄陰失精時有一婆羅門出家為道者聞如是說即便弄失佛知故制有此祭祀生天布施三種之說。為種子故。為自憍恣故爲顏色和悅故出精。善見云精離本處本處者以腰爲處又云不然舉體有精唯除髮爪皮燥乃無精若精離本處至道不至道及出乃至飽一蠅即犯除夢中者。善見律云唯除夢中者佛結戒制身業不制意業是以夢中無罪　僧祇律云夢者虛妄不實若夢眞實於我法中修梵行者無有解脫以一切夢皆不眞實是故諸修行者於我法中得盡苦際

結罪是中犯者。若爲樂故。爲自試故。乃至爲自憍恣故。爲顏色和悅故。如是一切方便弄失者。盡僧殘。　不失者。盡偷蘭遮。

若比丘敎比丘方便弄失者。偷蘭遮。　不失突吉羅。　若敎餘人弄失。不失。一切突吉羅。第四分云。

若女人捉比丘前。彼動身失不淨。僧殘。不動身失不淨。突吉羅。捉後亦如是。捉足禮亦如是。若以男根逆水順水。或水灑。或逆風順風。或口噓。或空中想。身動失不淨。皆僧殘。此戒具四緣方成本罪。一於九種發心中必有其一。二要不作道想。三於六種境隨用其一故弄。四於七種精中隨失一種。若四闕一。律有開條。

兼制 比丘尼波逸提。式叉摩那。沙彌。沙彌尼。突吉羅。薩婆多論云。比丘尼犯波逸提者。一為令二眾有差別故。又女人煩惱深重。難拘難制。若與制

重則罪惱衆生又女人要在私屏多緣多力苦乃出精不同男子隨事能出故所同制不同學也

若比丘尼。敎比丘失者。偷蘭遮　不失突吉羅。是爲犯。

〔隨開〕不犯者。夢中失覺。已恐污身污衣牀褥。若以弊物盛棄。若以手捺棄。若欲想出不淨。若見好色。不觸失不淨。若行時自觸兩髀。若衣觸。若大便時。若冷水煖水洗浴。若浴室中揩摩。若大嘑哭用力時。一切不作失不淨想。及最初未制戒等。是爲不犯。

〔會採〕僧祇律云。若於諸煖處。煖具身觸。若向火向日。欲令出。出者僧殘。若道中行。婬心自起。而失不淨者。是應責心。行時故作方便令出。出者僧殘。如行住坐臥亦如是。若在空閑處。住見有禽獸交會。見已欲心起。失不淨者。是應責心。若復爲受樂故。更方便逐看。欲令出。出者僧殘。若見男女裸形。欲心起失不淨者。是應責心。若爲樂故逐看令出。出者僧殘。

根本律云。若苾芻量生支作心受樂。因而泄精者。

得窣吐羅底。若不泄者。得惡作罪。盜以手執。可畏黑蛇。不以染心捉生支。若以染心觀視生支。得惡作罪。

五分律云。眠時出不淨。覺時發心身動。偷蘭遮。眠時身動。覺時發出不淨。突吉羅。散亂心眠。突吉羅。憶行婬事。突吉羅。

律攝云。覺為方便。夢中流泄。或復翻此。作心受樂。或前興方便。後乃息心。或作方便。其精欲動。即便攝念。皆得麤罪。

此戒大乘同制。梵網經云。寧以利斧斬斫其身。終不以此破戒之心。貪著好觸。菩薩戒本經云。起五蓋心。不開覺者。是名爲犯。衆多犯。是犯染污起也。

引證大涅槃經云。應於婬欲。生臭穢想。乃至不生一念淨想。若夢行婬。寤應生悔。

善見律云。亂意睡眠者。以不定意故。若白日眠。先念某時某時當起。如修多羅中說。佛告諸比丘。若汝洗浴竟欲眠。當作是念。我髮未燥當起。若如是眠善。若夜亦應知時。月至某處當起。若無月。星至某處當起。當念佛爲初。此謂六念法今但言佛餘五攝中 十善法中。一一法中。隨心所念。然後眠。

〔附考〕根本律云。非離欲人。有五因緣。令生支起。謂大小便逼。或風所動。或爲嗢徵。加蟲所齧。或由染污心。若離欲人。但有其四。無後應知。

第二女身相觸戒

若比丘。婬欲意。與女人身相觸。若捉手。若捉髮。若觸一一身分者。僧伽婆尸沙。

〔緣起〕佛在舍衛國。迦留陀夷。因聞佛制戒。不弄陰嗔精。便伺婦女。至房捫摸嗚口。其樂者。笑彼所作。其不樂者。瞋恚罵詈。諸比丘白佛。佛乃結戒。由癡覆故。因婬煩惱。制斯學處。乃初篇婬根本種類。

釋義 文分二節。婬欲意下。明所犯之事。若觸一一身分下。結成所犯之罪。律云。婬欲意者。愛染污心。根本律云。有是染心而非纏心。有是纏而非染。或俱有。或俱無。云何是染非纏。謂有染心非極染心現在前時。云何是纏非染。謂心緣外境有所繫著。未起染心。云何染纏俱有。謂有染心極染心貪求前境。心有繫著。云何染纏俱無。謂除前相故。女人者。堪行欲境身者。從髮至足。身相觸者。摩身前後。若牽近於前。若推郤於後。若從下至上逆摩。若從上至下順摩。若坐捉舉於上。若立捉令下坐。若捉前後。及捉乳捉髀。若摩捺前後。及乳髀等。

結罪 是中犯者。若比丘與女人身相觸。欲心染著受觸樂。一觸一僧殘。隨觸多少皆僧殘。　女作女想。以身相觸。欲心染著不受樂動身。　若染著受樂不動身。皆偷蘭遮。此皆無衣隔相觸也　若女作女想。以身觸彼衣具。欲心染著受樂。　若染著不受樂。皆偷蘭遮。　若以身觸女衣具。欲心染著動身不受樂。

若欲染不動身受樂。皆偷蘭遮。此比邱無衣隔。女有衣隔也

若女作女想。以身衣觸彼身衣。欲心染著受觸樂。若不受樂。　若不受樂動身。若受樂不動身。　若不受樂不動身。但有欲心染著。一切突吉羅。此比邱與女皆有衣隔也

若女作女想。女人捫摸比邱身。身相觸欲意染著受觸樂。乃至捉捺。一一皆僧殘。

若女作女想。女人以身衣具觸比邱身。欲心染著受樂不受樂。動身不動身等。得罪一一如上。

若天龍鬼神女。及畜生女。能變形者。身相觸。偷蘭遮。　畜生不能變形者。身相觸。突吉羅。若男子身相觸。突吉羅。　若二形身相觸。偷蘭遮。

若女人作禮捉足。覺觸樂。不動身。突吉羅。（西域凡篤信男女若禮佛及僧皆以雙手捉摩其足以表至敬東土此禮少行）若比丘有欲心觸衣鉢尼師壇鍼筒草秸。乃至自觸身。一切突吉羅。

若女人女人想。僧殘。　人女疑。　人女非人女想。非人女作人女想。　非人女生疑。皆偷蘭遮。

第四分云。若作女想。與男身相觸。作男想。與女人身相觸。皆偷蘭遮。　此女。餘女想。餘女。此女。此女想。身相觸。皆偷蘭遮。　隨女人所倚處。比丘以欲心動之。皆偷蘭遮。　此戒具五緣。方成本罪。一起欲心染著。二是人中婦女。三人婦女想。四須觸摩受樂。五必二俱無衣。若緣少一。罪結方便。

兼制　比丘尼波羅夷。此是同制別學比丘尼本戒攝八波羅夷之第五戒也式叉摩那。沙彌。沙彌尼。突吉羅。

隨開　不犯者。若有所取與相觸。若相解時相觸。及最初未制戒等。是爲不犯。

〔會採〕僧祇律云。若女人急捉比丘者。比丘正念住。若心有異合。麤厚衣捉者。偷蘭遮。若輭薄衣被合捉者。僧殘。若比丘入城時。若王出。若大會日。多人出入。比丘當住伺人小稀。然後乃入。若隨多人。男女共入者非威儀。乃至有欲心觸。僧殘。若比丘乞食時。有端正女人。持食與比丘。比丘見女人。起欲想者。應放鉢著地。令餘人受。若女人持食與比丘。若女人。一手過食。一手承鉢底者。非威儀。若有欲心乃至觸。僧殘。若比丘狹道巷中與女人相逢。比邱應住。待女人過。若競行者非威儀。若有欲心乃至觸。僧殘。　若女人落水求救者。作地想。捉出不犯。若竹木繩牽出。不犯。若言知汝雖苦。當任徜命者。無犯。

十誦律云。女人爲水所漂。應救。雖婬心起。但捉一處莫放。到岸不應更觸。更觸得罪。　若繡畫女。木女。故觸。突吉羅。

僧祇制嚴。爲息世俗譏嫌。令臨末運。宜當遵奉。十誦雖開。由其慈悲濟物。果能憐愍。可以依行。事一心殊。在人自量

善見律云。女人打比邱。比邱以欲心喜受。突吉羅。

若有力女人捉比丘。若眾多女人。共捉不受樂。無犯。此是梵行難也

律攝云。若母來抱。若女坐懷中。若於迮路口觸女唇。皆無犯。五種旁生。可憑渡河。象。馬。特牛。水牛。犛牛。若牸牛旁生。不應憑渡。

此戒大乘同制。如上。

【引證】戒因緣經云。阿難為摩鄧伽呪所惑。不犯。謂邪呪所迷心無欲染

阿含經云。時佛在人間遊行。見火聚熾然。告諸比

丘。若使有人捉彼火捫摸嗚之。卽燒其皮肉筋骨消盡。若復有人。捉四姓之女捫摸嗚之。此二事。何者爲善。諸比丘言。捉彼等女嗚之。是事爲善。若捉火卽燒爛。皮骨消盡。得大苦痛。不可堪耐。佛言。寧捉火嗚。乃至筋骨消盡。何以故。不以此因緣墮三惡道。若非沙門。自言沙門。乃至覆處作罪。內空腐爛。外現完淨。不消信施。墮三惡道。長夜受苦。是故當持淨戒。受人信施。一切所須。能令施主得大果報。所爲出家作沙門。亦得成就。

〔附考〕僧祇律云。若比邱坐時。女人來禮足。若起欲心。當正身住。應語言。小遠住禮。若女人篤信。卒來接足者。應自嚙舌令痛。不令覺女人細滑。又云。若女人索水者。不應自捉罐澆女手。應以器盛與。若無器。令淨人與。若無淨人。應持罐著牀几上。令其自取。

第三麤惡語戒

若比邱婬欲意。與女人麤惡婬欲語。隨所說麤惡婬欲語。僧伽婆尸沙。

〔緣起〕迦畱陀夷。聞佛制戒。不得弄失。不得觸摩。復伺女人。至房說麤惡語。其樂者。笑彼所說。不樂者。瞋罵愁惱。諸比丘以此因緣白佛。佛訶責已。爲僧結戒。此是性罪。由癡障故。依婬煩惱。制斯學處。乃初篇婬根本種類。

〔釋義〕文分二節。婬欲意下。正明所犯。所犯之事。隨所說下。結成所犯之罪。律云。婬欲意。如上。女人者。於善惡言能領解。麤惡者。非梵行。根本律云。鄙惡語有二。一是波羅市迦因起。二是僧殘因起。有自性鄙故。有因起鄙故。自性謂本性婬習深厚强勝。因起謂新熏外緣强勝婬欲語者。稱說彼二道好惡。若自求。若敎求。若問。若答。若解。若說。若敎。若罵。若自求者。言與我二道作如是。如是事。若敎求者。謂天神祐助我。共汝作如是。如是事。若問者。謂汝二道何似。云何與夫主。及外人共事。若答者。謂汝二道如是。汝與夫主。外人共通如是。若解。若說亦如是。若敎者。謂我敎汝知如是治二道。令夫主及外人愛敬。若罵者。言汝破壞腐爛。燒燋墮落。共畜作如是事。若復作餘語罵。

〔結罪〕是中犯者。若比丘與女人一反作麤惡語。一僧殘。隨麤惡語多少說而了了者。一一僧殘。說不了了者。一一偷蘭遮。若與指印書遣使作相。令彼女人知者。僧殘。不知者。偷蘭遮。除此大小便道。說餘處好惡。偷蘭遮。

向天龍鬼神女畜生女能變形者。及黃門二形說麤惡語。彼知者。偷蘭遮。不知者。突吉羅。向不能變形畜生女。及男子說。突吉羅。若婬欲意麤惡語。麤惡語想。僧殘。　麤惡語生疑。　非麤惡語。麤惡語想。　非麤惡語疑。皆偷蘭遮。

人女。人女想。僧殘。　人女疑。　人女。非人女想。非人女。人女想。　非人女疑。皆偷蘭遮。

第四分云。女作男想。男作女想。麤惡語。偷蘭遮。此女作餘女想。餘女作此女想。僧殘。　性好麤惡語。非欲心。突吉羅。　此戒具六緣。方成本罪。一有婬欲心。二須是人婦女。三人婦女想。四所說麤惡語。五必麤惡語想。六說聽了了。若緣不具。罪結方便。

兼制　比丘尼偷蘭遮。同制不同學　式叉摩那。沙彌。沙彌尼。突吉羅。是爲犯。

隨開　不犯者。若爲女人說九漏不淨觀。若說毘尼。言次及此。乃至夢中語。若錯說。及最初未制戒等。是爲不犯。

會採　十誦律云。若女人在比丘前反問言。汝於三瘡門中不如是作耶。乃至百語。比丘隨順其心。多少語出。隨一一語僧殘。

善見律云。若比丘以欲心方便欲樂此事。假說旁事。若女人解此語。突吉羅。

此戒大乘同制準上可知。

第四歎身索欲戒

若比丘婬欲意。於女人前。自歎身言。大妹。我修梵行。持戒精進。修集善法。可持是婬欲法供養我。如是供養第一最。僧伽婆尸沙。

〔緣起〕亦起自前人。因佛結上三戒已。復行歎身索欲。故結此戒。由癡無正智。因婬煩惱。制斯學處。乃初篇婬根本種類。

〔釋義〕文分二節。婬欲意下。正明所犯之事。僧伽等。結成所犯之罪。律云。婬欲意如上。女人如上。白歎身者。歎身端正好顏色。我是剎帝利。長者。居士。婆羅門種。大妹乃稱呼之詞以女弟後生曰妹梵行者。勤修離穢濁。持戒者。不缺。不穿。漏無染汚。精進修習善法者。樂閑靜處。時到乞食。糞埽衣。作餘食法不食。一坐食。一摶食。冢間坐。露坐。樹下坐。常坐。隨坐。持三衣。唄匿。多聞。能說法。坐禪。

結罪是中犯者。若比丘作如是自歎譽已。供養我來。不說婬欲者。偸蘭遮。若說婬欲。隨自歎身多少了了者。一一僧殘。不了了者。皆偸蘭遮。若手印。若書信。若遣使。若現知相。令彼知者。僧殘。不知者。偸蘭遮。除二道。更爲索餘處供養。偸蘭遮。

向天龍鬼神女。畜生女。能變形者。自歎譽身。說而了了者。偸蘭遮。不了了者。突吉羅。向不能變形。畜生女。自歎譽。突吉羅。向男子歎。突吉羅。

人女。人女想。僧殘。　人女疑。　人女。非人女想。非人女。人女想。　非人女。疑。皆偷蘭遮。　此戒具五緣。方成本罪。一。有婬欲心。二。是人婦女。三。人婦女想。四。必說婬第一最。五。說聽了了。緣若闕一。罪制方便。

兼制比丘尼偷蘭遮。同制同學不式叉摩那。沙彌。沙彌尼。突吉羅。是爲犯。

隨開不犯者。若比丘語女人言。此處妙尊最上。此處指如來清淨法門而言此比丘精進持戒修善法。汝等應以身口意業慈供養。若爲說毘尼時。言說相似者。若夢中語。若錯說。及最初未制戒等。是爲不犯。

此戒大乘同制如上。

引證 已上四戒。皆由尊者。迦留陀夷。發起因緣。準薩婆多論中問云。若欲心多者。何不作大事破戒。答云。此人根熟。應得漏盡故。又應度此舍衞城中。具足千家。大作利益。正少一人。是故不作大事。迦留陀夷。功德智慧。當得漏盡。莫見小因緣故。自失敬信也。

律攝云。苾芻修行之時。有二種煩惱。或容生起。由忘正念。便憶曾經遠境。起染愛心。造眾過失。復由現前近境。起染愛心。而犯眾罪。了知起犯緣已。卽於此事。生對治心。令其除滅。若染緣強勝。不能除遣。應就尊宿及閑三藏有德行者。請受教誡。作意蠲除。若仍不息。當勤晝夜讀誦。聞思簡擇深義。於三寶所。至誠供養。師長等處。忘自劬勞。盡心供給。或遊方時。或復減食。或住屍林。獨居阿蘭若。修不淨觀等。或爲四念住。或作無常死想。冀令煩惱除滅。若仍不除。應生慚愧。作如是念。我所爲非。戒不清淨。而復受他信心重施。四事供養。又復諸佛。及有天眼。同梵行者。幷諸善神悉觀。見我爲此。不應造衆罪業。當自尅責。如救頭然。於清淨境。說除其罪。勿致後悔。若作如前。對治行時。性多煩惱。未能殄息。應審自觀察、或應捨戒而爲白衣。勿令有罪。受他信施。因受用時。更造衆多。罪惡之業。定感當來。苦異熟果。如經廣說。應善修持。

第五媒嫁戒

若比丘往來彼此媒嫁。持男意語女。持女意語男。若爲成婦事。若爲私通。乃至須臾頃。僧伽婆尸沙。

【緣起】佛在王舍城。靈鷲山中。時迦羅比丘。本是王大臣。善知俗法。作是媒嫁。時諸男女。婚娶適意者。供養讚歎。不適意者。怨詈譏毀。時諸比丘白佛。如來爲僧結戒。此是遮罪。由癡覆故。因鄙惡事。及鄙業煩惱。制斯學處。乃初篇婬根本種類。

【釋義】文分二節。往來彼此下。正明所犯之事。若爲成婦事等下。結成所犯之罪。律云。往來者。使所應可和合者是。媒者謀也嫁者送女歸夫曰嫁持男意語女持女意語男正顯往來媒說通知其事女人有二十種護。若母所保護。謂保守愛護也若父所保護。若父母所保護。或兄所保護。或姊所保護。若兄姊所保護。若自護。謂身得自在若法護。謂修行梵行。若有女人受持居家五支學處戒行冰霜以法守護是名法護若姓護。謂不與卑下姓。若爲宗親所保護。若自樂爲他作婢。若與衣爲價作婢。若與財作婢。乃至一錢爲價。若同共作業爲婢。若未成夫婦。水所漂者。水中救得爲婢。若不取輸稅為婢。若放去婢。謂買得及家生。若客作婢。僱錢使作。如家使人。若他護婢。受他華鬘為要。若邊方得婢。謂抄劫得是為二十種。男有二十種。亦如是。母護男。母護女。遣比丘為使語彼言。汝為我作婦。謂終身為婦也若與我私通。揀非終身婦也若須臾間。一日夜共有三十須臾若一念頃。僧祇律云二十念為一瞬二十瞬名一彈指乃言時之極少也

結罪是中犯者。若比丘自受語。自往語彼。受彼語還報。自受語。自往語彼。遣使持報語還。自受

語。遣使語彼。自持報語還。　自受語。共遣使語彼。

遣使持報語還。

若比丘自受語。自作書持往彼。自持報書還。　自

受語。自作書持至彼。遣使持報書還。　自受語。遣

使持書至彼。自持報書還。　自受語。遣使持書至

彼。遣使持報書還。

若比丘。自受書持至彼。自持報書還。　自受書持

至彼。遣使持報書還。　自受書。遣使持至彼。自持

報書還。　自受書。遣使持書至彼。遣使持報書還。

如是隨媒嫁多少。說而了了還報者。一一皆僧殘。

說不了了者。一一偷蘭遮。

若比丘。受語往彼語。不還報。　不受語往彼說還報。皆偷蘭遮。

若比丘。受語不往彼說。不還報。　不受語往彼說。不還報。皆突吉羅。

若媒嫁天龍鬼神女畜生能變形者。及黃門二根。說而了了者。偷蘭遮　說而不了了。突吉羅。　若不能變形。畜生媒嫁。突吉羅。　媒嫁男。突吉羅。其中

媒嫁黃門二根及男者咸攝私通事

若往來媒嫁作媒嫁想。僧殘。　媒嫁疑。　媒嫁作不媒想。　不媒嫁作媒嫁想。　不媒嫁疑。皆偷蘭遮。

若人女。人女想。媒嫁者。僧殘。　人女疑。　人女非人女想。　非人女。人女想。　非人女疑。皆偷蘭遮。」

若比丘持他書往不看者。突吉羅。　若爲白衣作餘使。突吉羅。　此戒具六緣方成本罪。一必受他媒嫁囑。二必自作媒嫁想。三須是人婦女。四作人婦女想。五。爲通說得可。六。必還報了了。若闕一緣。本罪不成。

【兼制】比丘尼僧殘。同制。式叉摩那。沙彌。沙彌尼突吉羅。同學。是爲犯。

【隨開】不犯者。若男女先已通。而後離別。還和合。若爲父母病。若繫閉在獄。若爲信心。優婆塞病。及繫閉在獄。若爲三寶。爲病比丘等。看書持往。并最初未制戒等。是爲不犯。

【會採】僧祇律云。若男子有衆多婦。有念者。有不念者比邱語言當等視務令均平答言當如師教比邱爾時得偷蘭遮。　若夫婦鬬諍比邱便勸諭和合得偷蘭遮。　若彼夫婦不和或於佛事僧事有闕爲佛事故勸令和合無罪。　若有婦女還家勸早還夫舍得偷蘭遮。　有人多畜馬而無好種生者倩比邱某家有生馬爲我求之比邱爲求得偷蘭遮。　有二比邱一有女者語其女言此是汝婿一有兒者語其兒言此是汝婦作是語時俱得僧殘罪。

十誦律云。若夫婦相瞋。夫未唱非我婦。和合者。偷蘭遮。已唱非我婦。和合者。僧殘。若受語。解意旨。僧殘。受意旨。不受語。偷蘭遮。但受語。不解意旨者。無犯。若媒事已成。比丘後來佐助。偷蘭遮。

根本律云。門師苾芻至施主家。作如是語。此女長成。何不出適。此男既大。何不娶妻。若言此女何不往夫家。此男何不向婦舍。皆惡作罪。

律攝云。以三處定成媒嫁罪。一。主定。以男意語女。

以女意語男二事定謂於男女婦及私通事三時定乃至須臾頃凡爲媒處人有尊有卑尊謂家長取言爲定翻此成卑若受言往問及以還報二處皆尊卽犯本罪若將卑語報彼尊人得惡作罪有其三事雖不報言亦成返報一期處二定時三現相若見我在某處住時則知事合是謂期處若某時見我則表事成是謂定時若見我持鉢或著新衣則知事合是謂現相作斯三事他解之時便成還報若指腹媒嫁若生男女若俱男俱

女。若半擇迦謂半月變形也窣吐羅。若告云彼家有女。何不求之意爲媒合。便得麤罪。但有片言與媒事相應。皆惡作罪。若弟子語師我欲爲他作媒事。師聞此語默而許者。得窣吐羅。師昧律制。不善誨徒。故招斯罪。若明毘尼聞卽訶止。是爲良導。戒因緣經云。解放畜生合其牝牡。僧殘。

本律媒嫁畜生。但預囑比丘。未知有不。故結突吉羅。僧祇爲求生馬。雖明示其處。而媱機尚遠。事非目覩。故結偷蘭遮。若解放令合。則眼覩非法。心生隨喜。不無欲染。故犯本罪。推遠及近。制意存焉

此戒大乘同制。梵網經云。菩薩應救度一切衆生。

淨法與人。而返助人行婬。是無慈心也。

毘尼止持會集卷第三終

音義

獼猴江。梵語摩迦吒此云獼猴賀邏馱此云池而云江乃譯人義立耳此池在毘舍離宮城外約五六里菴羅女園側是昔獼猴羣集爲佛穿作此池也

婆裘河。或云婆裘沫河或云跋求河又云跋求摩河正梵音名跋窶末底此翻勝慧河

勿力伽難提應云密利伽羅此云鹿難提亦云喜總言之名鹿喜善見律云鹿杖沙門鹿杖其名也沙門者如沙門形剃頭留少許周羅髮著壞色衣一以覆身一以置肩上入寺依止比丘拾取殘食以自活命因此諸比丘僱彼行殺

蠚音釋蟲行毒也

蹋音踏踐蹋也

杙音亦橛也樴也左傳臧堅以杙抉其傷而死

倚發。倚者依也謂依機發舉也　桁音衡屋橫木也　弶强去聲設罟於道以掩鳥獸也　龜易。龜謂灼龜易謂卜易皆趨吉避凶之法　栴荼羅。此翻屠者乃西域最鄙賤之流不與四姓同居唯彼黨類共住凡入城邑手持竹杖拄以赤幟而別其鄙賤也　狎音洽親近也玩熟也習也　辯才。即四無礙辯才亦名四無礙智由其智慧明了通達無滯故一義無礙辯才謂了知一切諸法義理故　二法無礙辯才謂通達諸法名字分別無滯故　三辭無礙辯才謂於諸法名字義理隨順一切眾生殊方異語為其演說能令各各得解辯說無滯故　四樂說無礙辯才謂隨順一切眾生根性所樂聞法而為說之圓融無滯故　五陰。陰者蓋覆義又名五蘊蘊者積聚義謂積聚有為蓋覆真性故眾生由此五法積聚成身復因此身積聚有為煩惱等法能受無量生死　一色陰色即質礙之義眼耳等六根和合積聚故名為色　二受陰受。即領納之義謂六識與六塵相應而有六受積聚故名受陰　三想陰想即思想之義謂六識與六塵相應而成六想和合積聚故名想陰　四行陰行即遷流造作之義謂因六識思想諸塵造作善惡諸行和合積聚故名行陰　五識陰識即了別之義謂以眼耳等六種之識於諸塵境上照了分別和合積聚故名識陰　**六入**。入即趨入之義謂眼耳鼻舌身意六根爲眼耳等六識所依能入色聲香味觸法六種塵故名六入　**十八界**。界即界分爲衆生心色俱迷故開色爲十一界謂五根六塵開心爲七界謂眼等六識及意根皆屬於心故開之爲七　**得定**。即指三三昧三解脫門也　**有覺有觀三昧**。謂初心在禪曰覺細心分別禪味曰觀以空無相無作相應心入於初禪則一切覺觀皆悉正直故名有覺有觀三昧　**無覺有觀三昧**。謂以空無相無作相應心將入二禪之時覺知之心已亡分別禪味之念猶在一切定觀皆悉正直故名無覺有觀三昧　**無覺無**

觀三昧。謂以空無相無作相應心入於二禪乃至滅受想定覺知之心分別禪味之念俱亡故名無覺無觀三昧。空無相無作。即三解脫門也謂觀一切法皆從因緣而生自性本空無我我所若能如是通達則於諸法而得自在故名空解脫門既知一切法空故觀男女一異等相實不可得若能如是通達諸法無相即得自在故名無相解脫門若一切法無相則於三界無所願求若無願求則不造作生死之業即無果報之苦而得自在故名無作解脫門亦名無願解脫門正受。離邪倒想領納所緣名為正受又云不受諸受名為正受法智。法智者知現在法是名法智現在法謂五陰等各別自相比智。比智者知餘殘法名曰比智餘謂過去未來諸法次現在法後知故名比智所以者何先現知已然後比知等智。等智者亦名世俗智知諸有情修行差別及知諸法名字等異故名等智他心智。他心智者知諸眾生心心所法無所滯礙

故名他心智

苦集滅道

乃四諦法法界次第云此四通言諦者諦以審實爲義此四諦法正爲聲聞人說欲從聞生解故必須藉教顯理今明教理不虛故名審實若由因感果則應先因而後果今悉先果而後因者教門引物爲便故皆先果而後因前二諦是世間之法令知苦以斷集故先果而次因後二諦是出世間之法使爲滅以修道故亦先果而次因也　苦諦者苦以痛惱爲義一切有爲心行常爲無常患累之所逼惱故名爲苦大論云無量衆生有三種身苦老病死三種心苦貪瞋癡三種後世苦地獄餓鬼畜生總而言之有三苦八苦等皆三界生死之患諦審生死實是苦者故名苦諦也三苦謂苦苦壞苦行苦八苦可知　集諦者集以招聚爲義若心與結業相應未來定能招聚生死之苦故名爲集審一切煩惱惑業於未來實能招集三界生死苦果故名集諦也　盡諦者亦名滅諦滅即寂滅滅以滅無爲義結業既盡則無生死之患累故名爲滅以諸煩惱

結使滅故三界業亦滅若三界業煩惱滅者即是滅諦有餘涅槃因滅故果滅捨此報身時後世苦果永不相續名入無餘涅槃諦審涅槃實爲寂滅故名滅諦也　道諦者道以能通爲義正道及助道是二相扶能至涅槃故名爲道諦審此二道相扶實能通至涅槃不虛故名道諦也正道者實觀三十七品三解脫門緣理慧行名爲正道助道者得解觀中種種諸對治法及諸禪定是名助道

手印　古人多作印於指環上亦如今人繫圖章於扇柄上取其便用故也按根本雜事佛聽比邱畜印以爲記驗但不聽著指環及寶莊飾許用鍮石赤銅白銅牙角五種物作又印有二種一是大眾二是私物若大眾印可刻轉法輪像兩邊安鹿伏跪而住其下應書元本造寺施主名字若私印刻作骨鎖像或作髑髏形欲令見時生厭離故凡律中言手印指印皆準此

顛迦　此翻極惡又名畢竟以畢竟無涅槃性即無性闡提

芭蕉結子四句　芭蕉生華肰如蓮瓣中有

甘露甜如密若生此華則此枝便壞竹箒開華結子則竹林隨敗騾不自生皆驢共馬交遘而生騾若懷姙必傷其母

化樂天 謂自化五塵之欲而娛樂故此天依空而居按論云人閒八百年為此天一晝夜則人間二十八萬八千年方為此天一年若此天壽八千歲則當人間二百三十億零四百萬年矣

迦畱陀夷 亦名烏陀夷此翻黑光又名麤黑由其面黑眼赤故乃婆羅門種與佛同日而生本是王大臣因世尊出家成道父王思見遂命黑光往迎既至佛所佛為說法喚善來比丘鬚髮自落成比丘性而情多欲後於舍衛國有婆羅門女遍行非法而尊者不從其事彼懷瞋忿自破身形反誣尊者以告其父父集五百婆羅門眾共曳尊者然尊者力大乃至不能移足時佛觀知此是最後教誡烏陀夷事佛哀其力時眾共打幾死將曳王所王雖審知事虛猶三反訶責尊者極生慚愧遂至舍利弗所頂禮具陳上事舍利弗與其說法教誡發勇猛心結惑皆除

證羅漢果既得果已念報佛恩而行教化佛言我聲聞弟子中教化有情令得聖果者迦留陀夷而爲第一如是尊者於舍衞國教化十八億家令得聖果後爲暴惡女兒婦通賊斷尊者命將屍棄糞聚中此是尊者先所作業果熟當酬佛於十五日布薩不見尊者而知其死佛與大眾圍繞夜至城門放大光明徧滿城邑其門自開王及夫人臣民婦女驚覺奔馳隨佛往至糞聚處所出尊者屍香湯洗浴乘於寶轝至一勝處香木焚之收取舍利於四衢道側建塔供養爲人天福田令所廣引者俾知尊者爲建法門以現犯緣也

轉輪聖王

金轉輪王成就七寶具足四德王四天下七寶者一金輪寶二白象寶三紺馬寶四神珠寶五玉女寶六典財寶七主兵寶四德者一長壽不夭二身強無患三容顏端正四寶藏盈滿以十善法勸化眾生統攝四大部洲

外道呪術

外道者學乖諦理隨自妄情不返內覺稱爲外道其種別有經書世世相承以道學爲業或在家或

出家多恃已道術我慢人也類分九十六種　**胜**　皮上聲胜胃脘也　**當念佛爲初**　此謂六念也一念佛慈悲導師二念法三世佛母三念僧人天福田四念戒清淨身心五念施普濟貧窮六念天常受安樂　**捫摸**　捫音門撫持也摸音莫按捫也謂以兩手捫摸　**髀**　音彼股骨也　**草秸**　秸音甲與稭同稭禾槀去其皮以爲席　**壓**　葉入聲持也按也　**特牛**　乃三歲之牛也　**犛**　音離郭璞曰犛牛黑曰犛牛黑色出西南徼外　**犉**　音字即牝牛　**摩鄧伽**　亦云摩登伽此云本性乃大幻術姪女也嘗以呪術迷惑阿難幸如來神呪往護惡呪始滅復預楞嚴獲證三果　**唄匿**　此翻爲靜又翻止斷又云止息由是外緣已止已斷爾時寂靜任爲法事也法苑云尋西方之有唄猶東國之有讚讚者從文以結章唄者短偈以流頌比其事義名異實同毗尼母云佛告諸比丘聽汝等唄唄者言說之辭聽引十二部經中要言妙辭直顯其義故曰唄匿

閑三藏 閑謂善習精學也三藏敎理深玄奧義無不通達

異熟果 異熟果者謂果報異時成熟卽第八識也以此識能含藏一切諸法種子而成熟諸根識之果也如眼等諸根由昔作善惡之因今報得苦樂之果若今作善惡之因亦感當來苦樂之果故名異熟果也

迦羅比丘 十誦律云鹿子長者兒名曰迦羅聰智利根衆人所問常爲斷疑他事忽務若人有女姊妹有來求者往問迦羅應與不應若人爲自求婦若爲兒求亦往問可取不可取迦羅後時出家爲僧猶如本法

門師 門卽三寶眞淨濟世之法門若居家善信男女歸依三寶所拜之師稱曰門師也

牝牡 牝者母畜也飛曰雌雄走曰牝牡

毘尼止持會集卷第四

金陵寶華山宏律沙門讀體集

第六私房過量戒

若比丘自求作屋無主自爲己當應量作是中量者長佛十二磔手內廣七磔手當將比丘指授處所彼比丘當指示處所無難處無妨處若比丘有難處妨處自求作屋無主自爲己不將比丘指授處所若過量作者僧伽婆尸沙

緣起佛在王舍城靈鷲山中聽諸比丘作私房舍

時有曠野國比丘聞佛聽許，卽私作大房，功力繁多，常行求索，居士厭避。復有一比丘，欲起房舍，自斫樹，樹神作念欲打比丘，恐違道理，乃往白佛，佛讚慰之，示別所棲。時大迦葉至曠野城，居士遙見各自避去。迦葉問知其故，具陳白佛，佛集僧而爲結戒。由依住處事諍恨住處鄙業煩惱制斯學處，乃初篇盜根本種類。

釋義 文分二節。自求作屋下，明其正制。若比丘有難處妨處下，結顯違犯。律云自求者，彼處處乞索。

無主者。彼無有。若一。若兩。若衆多施主。自爲己者。自求索。自爲作也。當應量作者。是中量長佛十二磔手。廣七磔手。磔手者。張指一跨也。長者。縱量乃房之深處。廣者。橫量乃房之寬處。佛身長丈六。一磔手。準今小尺。一尺六寸。則深有一丈九尺二寸。寬有一丈一尺二寸。若太大。則煩勞。太小則偪狹。令離二過。故制此量也。難處者。有虎狼獅子惡獸下至蟻子。若不爲此諸蟲獸所惱。應修治平地。若有石樹荆棘。當使人掘出。若有陷溝坑陂池處。當使人塡滿。若畏水淹漬。當豫設隄防。若地爲人所認。當共斷無使他有語。是名難處。妨處者。不通草車迴轉是防處。僧祇律云。非妨處者。四邊各容十二桄梯。桄間各一拳肘。令作事者。周帀來往。塗治覆苫。以二尺爲一拳肘。彼作屋比丘。看無難無妨已。到僧中具儀三乞。爾時衆僧當觀察。此比丘爲可信不可信。若可信。卽當聽使作。若不可信。一切僧應到彼處看。若衆僧不去。遣僧中可信者往看。若彼處有難有妨。若無難有妨。若有難無妨。皆不應與處分。若無難無妨處。應與處分。白二羯磨。此羯磨法於作持中明。故云彼比丘當指授處所無難處。無妨處。既與羯磨已。彼作房時。應知初安。若石若土墼泥團乃至治訖。斯爲如法。

結罪是中犯者。若僧不處分。一僧殘。過量作。一僧殘。有難處。一突吉羅。有妨處。一突吉羅。若無難處是有妨處。一突吉羅。若有難處是無妨處。一突吉羅。

若僧不處分。一僧殘。不過量作無犯。有難有妨。無難有妨。有難無妨。皆如上。

若僧已處分無犯。過量作一僧殘。有難有妨。無難有妨。有難無妨。皆如上。

若僧已處分。不過量作。皆無犯。　若有難有妨。
無難有妨。　有難無妨。得罪如上。
若作而不成。僧不處分。及過量作。各得一偷蘭遮。
有難有妨。　無難有妨。　有難無妨。得罪如上。
若使他作屋成。僧不處分。及過量作。　若僧已處
分。過量作。　若僧不處。分。不過量作。得僧殘皆如
上。　有難有妨　無難有妨。　有難無妨。得罪如
上。
若爲他作屋成。僧不處分。過量作。　僧已處分。過

量作。僧不處分。不過量作。皆得偷蘭遮。有難有妨。無難有妨。有難無妨。得突吉羅如上。

若作而不成。僧不處分。及過量作。有難有妨處。一一皆犯突吉羅。

若作屋以繩拼地應量。作者過量。作者犯。

若教人案繩墨作。彼受教者言如法。作而過量。彼受教者犯。彼教人案繩墨作。即如法作。不還報。作者犯。若教人案繩墨作。即如法作。教者不問如法作否。教者犯。

若僧不處分。作不處分想。僧殘。　不處分疑。不處分。作處分想。處分想。處分作不處分想。處分疑。皆偷蘭遮。

若過量想疑。亦如是。

若難有難想。難疑。有難無難想。無難有難想並疑。皆突吉羅。　若妨處想疑。亦爾。　此戒具六緣方成本罪。一無主自作私房。二不求衆僧處分。三作不處分想。四違制過量。五過量想。六房已作成若緣有闕。罪結方便。

（兼制）比丘尼偷蘭遮。同制別學比丘尼。因難事起。故不聽住阿蘭若。式叉摩那。沙彌。沙彌尼。突吉羅。是爲犯。

〔隨開〕不犯者。如量作。減量作。僧處分作。無難無妨處作。如法拼作。若爲僧作。爲佛圖講堂。草庵葉庵。小容身屋。及未制戒等。是爲不犯。

〔會採〕僧祇律云。作房時。若授甎泥團。及壘甎等。盡越毘尼罪。　若戶牖已成時。偷蘭遮。　乃至作成時。僧殘。　若房主比丘不捨戒。不死。不與僧。若比丘於此房中若熏鉢。若讀誦。若思惟。（謂修定坐禪也。）一切受用。得越毘尼罪。

十誦律云。若比丘語餘比丘。爲我作舍。語已便去。後作未成。行還自成。是舍不如法作。犯。當仍請指授。與量相應。無諸難妨。斯則何咎。由依前人。違制規模。故爾成犯。若得先成舍。無犯。

根本律云。若於不淨處。有諍競處。無進趣處。自作使人作小房時。於此三中。隨有過。皆得窣吐羅。一。不淨處者。若有蛇蠍蟲蟻窟穴是。二。諍競處者。若近王宮。及以天祠。或長者宅。外道家。苾芻尼寺。或有好樹須伐是。三。無進趣處者。若有河井。或臨崖坎是。

摩得勒伽云。乞房已不作。偷蘭遮　物不現前。而作房。偷蘭遮。

善見律云。若長中減一磔手。廣中益一磔手。若減廣益長亦不得。何況長廣俱過量。　若二三人共作屋。若一比丘。一沙彌。悉不犯。何以故。人無一屋分故。若段段分。人得一屋分。得僧殘罪。

此戒大乘同制。梵網經。所謂惡求多求。菩薩戒本經所謂多欲不知足也。

〔引證〕佛因比丘。自求作屋故。種種訶責已。告諸比

邱。往昔此恆水側。有一螺髻梵志。常居此水邊。顏
貌憔悴。形體羸瘦。時我詣彼。與共相見。而問其故。
彼報我言。此水中有一龍王。名曰摩尼犍大。自出
其宮。來至我所。以身遶我頭。覆我上。時我作念。龍
性暴急。恐害其命。以此憂患。致使形容如是耳。時
我語梵志言。汝欲使此龍常在水中不出至汝所
不。彼答我云。實欲使此龍不來至我所。我即問梵
志。彼龍有瓔珞不。答言。龍頸之下。有好瓔珞。佛語
梵志言。若此龍出水。來至汝所。時當起迎語言。龍

王且止。持汝頸下瓔珞與我來。并爲說偈云。我今須如此頸下好瓔珞。汝以信樂心。施我嚴好珠。時彼梵志。受我語已。後時龍王從水中出。梵志遙見往迎。而爲說偈。爾時龍王復以偈報梵志云。我所致財寶緣由此珠故。汝是乞求人。不復來相見。端正好淨潔。索珠以驚我。不復來相見。何爲與汝珠。於是龍王卽時還宮。更不復出。爾時世尊。卽說偈言。多求人不愛。過求致怨。憎梵志求龍珠。便不復相見。又一比丘。所住林間。於半夜後。眾鳥悲鳴。

相呼而亂定意。我敎彼比丘語衆鳥云。我今急須汝兩翅與我來。時羣鳥出林。更不復還。汝等比丘當知。乃至龍畜飛鳥。尚不喜人乞索。而況人乎。多求無厭。豈不怨憎。

第七大房不處分戒

若比丘欲作大房。有主爲己作。當將餘比丘往指授處所。彼比丘應指授處所。無難處。無妨處。若比丘有難處妨處。作大房。有主爲己作。不將餘比丘往看指授處所。僧伽婆尸沙。

緣起佛在拘睒彌國瞿師羅園中。時優塡王。與尊者闡陀。爲親友知識。語言隨意任作房舍。時近城有尼拘律神樹。人馬往來多。止息其下。闡陀伐之。而作大屋。居士譏嫌。諸比丘白佛。故結此戒。因起違諍。爲防譏過。制斯學處。乃初篇盜根本種類繁。

唯除過量無罪。其餘所犯同上。立緣用四。準知不

此戒大乘同制。梵網經云。頭陀行道。乃至夏坐安居。是諸難處。皆不得入也。

第八無根謗戒

若比丘瞋恚所覆故。非波羅夷比丘。以無根波羅夷法謗。欲壞彼淸淨行。若於異時。若問若不問。知此事無根說。我瞋恚故作是語。若比丘作是語者。僧伽婆尸沙。

緣起　佛在靈鷲山中。時尊者沓婆摩羅子。得阿羅漢果已。自念我宜以力供養衆僧。遂往白佛。佛令諸比丘。白二羯磨。差沓婆摩羅分僧臥具。及差次受請飯食。時有慈地比丘是衆中下座。隨次得惡房臥具便生瞋恚言沓婆摩羅有愛喜者與好不喜者與惡衆僧云何差如是人次日差僧受請慈地比丘被差次至檀越家檀越聞慈地比丘次來受食便於門外敷弊坐具施設惡食慈地倍瞋遂使其妹慈地比丘尼於佛僧會時誣謗尊者言沓婆摩羅來犯我世尊知而故問尊者尊者答言生來夢中尚無況覺時有佛告諸比丘有二種人一向入地獄何者爲二一若非梵行自稱梵行若眞梵行以無根非梵行謗之是名爲二如來種種訶責

慈地比丘已。與諸比丘結戒。此是性罪。由誣梵行事。及不忍煩惱。制斯學處。乃初篇妄根本種類。

【釋義】文分三節。瞋恚所覆下。明誣謗之由。若於異時下。明覺悔發露。若比丘作是語下。結成所犯之罪。律云瞋恚者有十惡法因緣故瞋。十事中以一一生瞋。法數云。謂恚、恨、讒、誑、嬌、忿、怒、慳、癡、妒。於此十事而生瞋。僧祇律云。九惱及非處起瞋。第十恨者。凡夫及學人。有不喜者。乃至阿羅漢有。瞋恚者。由忿心而起。忿恨忿他為瞋。自忿為恚。南山鈔云。比丘以六和表用。以慈心為體。今云瞋恚所覆。正覆此體。違背六和。致興毀謗。大經云。一念瞋心起。八萬障門開。

根者有三種根。一見根。二聞根。三疑根。見根者。實見犯梵行。見偷五錢。過五錢。見斷人命。若他見者。從彼聞。是謂見根。　聞根者。若聞犯梵行。聞偷五錢。過五錢。聞斷人命。聞自歎譽得上人法。若彼說從彼聞。是謂聞根。　疑根者。有二種生疑。從見生疑者。若見與婦女入林出林。無衣裸形。不淨污身。手捉刀血污。與惡知識伴。是謂從見生疑。　從聞生疑者。若在暗地。若聞牀聲。若聞草蓐轉側聲。若聞身動聲。若聞共語聲。若聞交會聲。若聞我犯梵行聲。聞言偷五錢。過五錢。若聞言我殺人。若聞言我得上人法。是謂從聞生疑。除此三根已。更以餘法謗者。是謂無根欲壞彼清淨行者。欲壞彼人清淨之名。不得與僧共同法事故。若於異時等者。若問者。被他如法比丘而來詰問。僧祇律云。若檢校者。問言。汝見何事。婬耶。盜五錢耶。殺人耶。稱過人法耶。云何見。因何見。何處見。是名檢校。不如是問。是名不檢校。若不問者。是瞋恚人。過後覺悟希求。清淨自己發露。無根毀謗之事。縱雖過後覺悔。其罪於一生謗說時已成。豈容露而獲免。

結罪是中犯者。若不見聞疑言見聞疑。不論前人清淨不清淨。以波羅夷法謗。說而了了僧殘。　說而不了了偷蘭遮。此中互明。恐昧正制。故下一一列次。俾知所犯也。

不見聞疑。生見聞疑想。後忘想。言見聞疑。以波羅夷法。謗亦如上。

不見聞疑。彼有疑。後言無疑。我見聞疑。以波羅夷法。謗亦如上。

不見聞疑。生疑。後忘疑。言見聞疑。以波羅夷法。謗亦如上。

不見聞疑。是中無疑。言有疑。見聞疑。以波羅夷法。謗亦如上。

不見聞疑。是中無疑。後忘無疑。言我見聞疑。以波羅夷法。謗亦如上。

不見有見想。後忘想。言聞疑。以波羅夷法。謗亦如上。

不見有疑。言無疑有聞疑。以波羅夷法。謗亦如上。

不見有疑。後忘疑。言聞疑。以波羅夷法。謗亦如上。

不見無疑。言聞疑。以波羅夷法。謗亦如上。

不見無疑。後忘無疑。言聞疑。以波羅夷法。謗亦如上。　聞疑亦如是。

除四波羅夷。不論前人淸淨不淸淨。更以餘非比丘法謗。言犯邊罪。犯比丘尼。賊心受戒。彼內外道犯五逆。非人。畜生。黃門。二根。說而了了。僧殘。說不了了。偷蘭遮。

若指印。書。遣使。作知相。以無根四棄及十三種。非比丘法謗。知而了了者。僧殘。不了了者。偷蘭遮。

若以八波羅夷法。一。婬。二。盜。三。殺。四。妄。五。染心觸摩。六。染心八事。七。覆他重罪。八。順從作舉。是爲尼八棄也。及犯邊罪。乃至二根。非比丘尼法。謗比丘尼。亦如上。

除比丘及尼。以無根罪。謗餘人者。突吉羅。餘人卽小三衆。及優婆塞。優婆夷也。此戒以五緣成犯。一有瞋心。二無三根。三是四棄非比丘法。四謗受具人。五說明了。若緣一闕。罪結方便。

兼制 比丘尼僧殘。同制同學。式叉摩那。沙彌。沙彌尼突吉羅。是爲犯。

隨開 不犯者。見聞疑有根。實說。戲說。疾疾說。獨說。夢中說。若欲說此。錯說彼。及最初未制戒等。是爲不犯。

〔會採〕僧祇律云：若於波羅夷中，一一語謗僧殘十三事中，一一法謗犯波逸提。以三十事及九十中，一一法謗得越毘尼罪。於四可呵及衆學法中，一一謗者犯越毘尼心悔。比丘尼八波羅夷十九僧殘若一一謗波逸提。若以三十事及百四十一波逸提一一謗犯越毘尼罪。以八可呵及衆學法一一謗犯越毘尼心悔。式叉摩那十八事若一一謗言更當與學戒犯偷蘭遮。十八事者：一不分別衣，二離衣宿，三觸火，四足食，五害生種，六青草上棄不淨，七輒上高，八觸寶，九殘宿食，十壞地。十一。不受食。十二。損生苗。反本所受學六法。（一。染心相觸。二。盜減五錢。三。斷畜生命。四。小妄語。五。非時食。六。飲酒。是名十八事。）沙彌沙彌尼十戒。若一一謗言。當更與出家。犯越毘尼罪。　下至俗人五戒。一一謗。犯越毘尼心悔。

律攝云。若鄔波索迦（即優婆塞）謗苾芻者。應與作覆鉢羯磨。（此法於作持中明。）

此戒大乘同制。若向外人說犯重。若向同法說犯輕。

【引證】十誦律云。夫人處世。斧在口中。生以是自斬身。斯由作惡言。

第九取片謗戒

若比丘以瞋恚故。於異分事中取片。非波羅夷比丘。以無根波羅夷法謗。欲壞彼清淨行。彼於異時。若問。若不問。知是異分事中取片。是比丘自言。我瞋恚故作是語。作是語者。僧伽婆尸沙。

緣起 佛在羅閱城。耆闍崛山中時。慈地比丘。從耆闍崛山下。見大羝羊共母羊行婬。便以羝羊比尊者沓婆。母羊比慈地尼。往語諸比丘言。前以無根法謗。今親自眼見時。諸比丘詰問。乃自謂沓婆無此事是清淨人。我向者從靈山下。見羝母羊行婬。以相似事比類而說。諸比丘聞知白佛結戒。此是性罪。由誣梵行事及不忍煩惱。制斯學處。乃初篇妄根本種類。

釋義　文分三節如上。瞋恚如上。十誦律云。異分者。四波羅夷是。是中若犯一一事。非沙門。非釋子。失比丘法。故名異分。片者。諸威儀事。善見律云。餘分者。沓婆慈地尼是人。羊是非人。以羊當人。故名餘分。餘分即異分也。餘義同前釋。

〈結罪〉是中犯者。若不清淨人。與不清淨人相似名同。姓同相同。以此人事謗彼。

若不清淨人。與清淨人相似名姓相同。以此人事謗彼。

若清淨人。與不清淨人相似名姓相同。以此人事謗彼。

若清淨人。與清淨人相似名姓相同。以此人事謗彼。

若見本在家時犯婬盜五錢。若過五錢。若殺人便便語人言。我見比丘犯婬盜殺。此謂見居家受持優婆塞戒時。所作非出家受具後事。

若聞本在家時。犯婬盜殺。及聞自稱說上人法。便言。我聞比丘犯婬盜殺妄語。

若比丘如是以異分無根四事法謗比丘。說而了了者。皆僧殘。說而不了了者。皆偷蘭遮。其餘所犯輕重。及不犯等。並大乘同制。一一如前。

第十不捨壞僧法戒。

若比丘欲壞和合僧。方便受壞和合僧法。堅持不捨。

彼比丘應諫是比丘。大德。莫壞和合僧。莫方便壞和合僧。莫受壞僧法。堅持不捨。大德。應與僧和合。與僧和合歡喜不諍。同一師學。如水乳合。於佛法中。有增益安樂住。是比丘如是諫時。堅持不捨。彼比丘應三諫。捨此事故。乃至三諫。捨者善。不捨者。僧伽婆尸沙。

〈緣起〉佛在靈鷲山時。毘婆達多。為利養故。學得神通。化太子阿闍世。令未信樂。大得供養。唯不如佛。心生嫉妒。即失神通。欲畜徒眾。伺候佛大眾會時。往至佛所。求佛付囑云。世尊。年已老邁。壽過於人。

學道亦久。宜居閑靜默然自守。世尊。是諸法之王。宜可以僧付囑我。我當將護。世尊訶責言。我尚不以僧付舍利弗。目犍連。況汝癡人。涕唾之身。豈可付囑。時提婆達多。即生不忍心。便教阿闍世害父。遣人害佛不遂。自往靈鷲山頂。執石遙擲世尊。由是惡名流布。利養斷絕。乃通己五人。家家乞食。（通己五人者。有四伴故。一名三聞達多。此人智慧高才。故居其首。二名騫荼達婆。是調達親友。三名拘婆離。是調達弟子。四名迦留羅提舍。是人有姊妹七人。皆為比丘尼。有大勢力。）佛制不聽別眾食。彼即作是念。未曾有瞿曇。乃斷人口食。我盜可破彼僧倫我身滅後可得名稱言瞿曇有大神力智慧無礙而調達能破即共四比丘爲伴以五法教諸比丘言如來常稱說頭陀少欲知足樂出離者我今有五法亦是頭陀勝法少欲知足樂出離者一盡形壽乞食二盡形壽著糞埽衣三盡形壽露地坐四盡形壽不食酥鹽五盡形壽不食魚肉可共行之令其新學無智比丘信樂諸比丘聞已白佛佛告諸比丘提婆達多今日欲斷四聖種即衣食臥具醫藥四依法也 世尊以無數方便訶責提婆達

多。汝莫斷四聖種。汝莫以五法。敎諸比丘。汝今莫方便受破和合僧法。堅持不捨。汝當與僧和合。當知破和合僧甚惡。得大重罪。在地獄中。一劫受罪。不可救療。世尊以種種方便。令提婆達多破僧心暫息。令僧與提婆達多。作訶諫。白四羯磨。若餘比丘方便欲破和合僧者。亦當以此白四羯磨訶諫。乃爲諸比丘結戒。此由僧伽事。及邪智煩惱。制斯學處。乃初篇妄根本種類。

【釋義】文分四節。若比丘。欲壞和合僧下。明舉破僧之人法。彼比丘應諫是比丘下。明如法諫捨之詞。是比丘如是諫時下。明訶諫白四羯磨。若不捨者下。結成違諫之罪。律云。和合者。同一羯磨同一說戒。僧者。四比丘若五。若十。乃至無數。破者。即壞也。破有十八事。法。非法。律。非律。犯。非犯。若輕。若重。有殘。無殘。麤惡。非麤惡。常所行。非常所行。行事。十誦律云。常所行事者。若白一。白二。白四。布薩自恣。立十四人羯磨。制。非制。說。非說。住破僧法者。即住此十八事。住即堅持不捨。律攝云。既思眾破。攝化門徒。自守邪宗。多求惡黨。是以堅執不捨。下數句。皆準律攝義釋之。彼比丘應諫是比丘者。諫謂以直言悟人也。此諫乃別諫、非僧中羯磨。雖無羯磨、但以言遮、令除惡見。**大德莫壞和合僧等者。**此三句爲之訶誡。意謂和合。眾不可破。若破定墮地獄受苦。一劫不能救療。**大德應與僧和合等者。**此是勸諭之詞。以顯不破和合僧。豈但無地獄苦。抑且有大利益故。**歡喜者。**謂善增益。各各情悅故。**無諍者。**謂彼此見同。共相受樂。無諍訟故。**同一師學者。**謂於一如來。大師教中修學。不生異見。以如來教法。雖分十二。體無別故。**如水乳合者。**謂以水乳和合。即同一相一味。無別色味。喻四姓異數。出家入如來法中。同名釋子。同修解脫。行與理順。一相無別故。**於佛法中。有增益安樂住者。**謂既同一學。行理無違。於三毒煩惱。善能調伏。令善法聚。增益安樂。如來聖教。得以流通。久住世間故。**是比丘如是諫時。堅持不捨。彼比丘應**

三諫等者。僧祇律云。三諫者。屏處三諫。多人中三諫。眾中三諫。非謂但三諫而已。

第三分云。有二事破僧。妄語。相似語。相似語者。謂彷彿聖語。相似律制。實非法非律。律攝云。調達以愚癡故。心生異見。壞破僧伽。於形相等。改佛正則。自制五事。謗三淨教。勸諸愚小。習行五法。言五事者。一不食乳酪。犢子饑困故。二不食魚肉。由斯殺生故。三不噉於鹽。多有塵土故。四不截衣縷。廢損織功故。五不住蘭若。受房生福故。衣服飲食臥具醫藥婆沙論云。醫藥攝三中。第四出樂斷樂修聖種。故云四聖種。復有二事破僧。作羯磨。取籌。若一比丘乃至二人三人。雖求方便。亦不能破僧。亦非比丘尼等能破僧。若此眾四人若過。彼眾四人若過。行破僧籌。作羯磨。是為破和合僧。

泥犂中受罪。一劫不療。能和合者。得梵天福。一劫受樂。

〔結罪〕是中犯者。若比丘方便欲破和合僧。受破僧法。堅持不捨。彼比丘當諫此比丘言。大德莫方便欲破和合僧。莫受破僧法。堅持不捨。大德當與僧和合。歡喜不諍。同一水乳。於佛法中。有增益安樂住。大德可捨此事。莫令僧作訶諫。而犯重罪。若用語者善。用語者。是納諫言。以捨其事。而云善者。謂免本罪。但犯方便輕罪也。此即僧祇云。屏處三諫也。

若不用語者。若復令比丘比丘尼優婆塞優婆夷。若王若大臣種種異道沙門婆羅門求。異道沙門。即諸出家外道也。而云求者。謂求聽也。若比丘如律如法諫人者。先當語彼人云。大德。我今欲諫汝。汝當納聽。我言彼人。應答云。我與汝諫。若餘方比丘聞知其人信用言者應求。若用言者善。而言他方比丘者。乃彼破僧者親友。所以彼此相信。其說此即僧祇云。多人中三諫也。若不用言者。應作白。作白已。應更求。大德。我已白竟。餘有羯磨在。汝今可捨此事。莫令僧爲汝作羯磨。更犯重罪。若用語者善。

若不用語者。應作初羯磨。作初羯磨已。應更求。大德。我已白。作初羯磨竟。餘有二羯磨在。汝可捨此事。莫令僧更爲汝作羯磨。而犯重罪。若用語者善。

若不用語者。應作第二羯磨。作第二羯磨已。應更求。大德。我已作白二羯磨竟。餘有一羯磨在。汝可捨此事。莫令僧更爲汝作羯磨。而犯重罪。若能捨者善。

若不捨者。與說第三羯磨。此即僧祇云。衆中三諫也。第三羯磨竟。不捨。僧殘。　作白二羯磨竟。捨者三偷蘭遮。

作白一羯磨竟捨者。二偷蘭遮。若白竟捨者。一偷蘭遮。若初白未竟捨者。突吉羅。

若一切未白。方便欲破和合僧。受破和合僧法。堅持不捨。一切突吉羅。一切未白。謂衆僧未曾與作諫詞及詞諫語。其羯磨法。俱載作持中。若不如律制諫者。縱諫不成。下三戒亦爾。若多人中三諫。不捨之時。一一白三羯磨前。若屏處三諫。一一皆突吉羅。今但明

若僧爲破僧人作訶諫羯磨時。有比丘教言莫捨。此比丘偷蘭遮。若不訶諫。教言莫捨。突吉羅。

若比丘尼。教言莫捨。尼偷蘭遮。若不訶諫尼教

莫捨。突吉羅。　除比丘比丘尼更有餘人教莫捨。盡突吉羅。（餘人謂小三眾。）　此戒以五緣。方成本罪。一要有破僧心。二同黨滿眾。三屢諫不捨。四羯磨如法。五三番白竟。若緣有闕。犯則開輕。

【兼制】比丘尼僧殘。（同制同學。）式叉摩那。沙彌。沙彌尼。突吉羅。是為犯。

【隨開】不犯者。初諫便捨。若非法別眾作訶諫。非法和合眾作訶諫。法別眾。法相似別眾。法相似和合眾。非法。非律。非佛所教。若一切未作訶諫。若破惡友破惡知識若破方便欲破僧者遮令不破若破方便助破僧者二人三人羯磨若欲作非法非毘尼羯磨若爲僧爲塔爲和尚阿闍黎同和尚阿闍黎爲知識作損減作無住處者及最初未制戒等如是皆無有犯

〔會採〕僧祇律云若知是欲破僧人者諸比丘應語長老莫破僧破僧罪重墮惡道入泥犁我當與汝衣鉢授經讀經問事教誡若故不止者應語有力勢優婆塞言長壽此人欲破僧當往諫曉語令止

優婆塞應語。尊者莫破僧。破僧罪重。墮惡道。入泥犂。我當與尊者。衣鉢病瘦湯藥。若不樂修梵行者可還俗。我當與汝婦供給所須。若故不止者。應拔籌驅出。出已。應唱言。諸大德。有破僧人來。宜當自知。若如是備。猶故破僧者。是名破僧。

五分律云。我不見餘法。壞人道意。如名聞利養者。調達所以破僧。爲利養故。調達成就八非法故破僧。利。不利。稱。無稱。敬。不敬。樂惡。隨惡知識。有四事名破僧。說五法。自行籌。捉籌。於界內別行僧事。復次若王。若大臣。若餘六衆。七衆除比丘也。令僧不和合。而非破。若一比丘乃至七比丘。不和合亦非破。若不問上座。而行僧事。是卽不和。亦非僧破。若不共同食。於食時異坐。鬬諍罵詈。亦不名破。要於界內。八比丘以上。分作二部。別行僧事。乃名爲破。是中作主者。一劫墮大地獄。不可救。彼比丘。欲破僧。餘僧見聞知。差一與親厚比丘往諫。若捨者。應一突吉羅悔過。若不捨。應遣衆多比丘往諫。若捨者。應二突吉羅悔過。若復不捨。應僧往諫。若捨者。

應三突吉羅悔過。　若不捨。復應白四羯磨諫之。白已捨者。應三突吉羅。一偷蘭遮。　若白初羯磨已捨者。三突吉羅。二偷蘭遮。　若白二羯磨已捨者。三突吉羅。三偷蘭遮。　若白三羯磨未竟捨者。三突吉羅。三偷蘭遮。三羯磨竟。捨不捨。皆僧殘罪。十誦律云。破僧有二種。破羯磨。破法輪。破羯磨者。一界內別作布薩羯磨。破法輪者。輪名八聖道分。令人捨八聖道。入邪道中。　若如法。如律。如佛教。三約敕。竟。不捨者僧殘。是比丘應即時入僧中自唱言。諸長老。我某甲比邱。得僧殘罪。若卽說者善。

若不卽說者。從是時來名覆藏日數。　又云。不先

輭語約敕。便白四羯磨。約敕。作羯磨人。得突吉羅。

未白四羯磨便擯出去。作羯磨人。得突吉羅。未作

三語約敕於界內別請人作羯磨。得偷蘭遮。破僧

因緣故。若衆僧知。衆僧得罪。

善見律云。餘戒最初不犯。此戒提婆達多最初犯。

以其僧三諫不捨故。

薩婆多論云。破僧輪。犯逆罪。偷蘭遮。不可悔。破羯

磨僧。犯非逆罪可懺偷蘭遮。破僧輪。下至九人。一人自稱佛。破羯磨僧。下至八人。不自稱作佛。破僧輪。界內界外盡破。破羯磨僧。要在界內別作羯磨。破僧輪。必比丘。破羯磨僧。比丘尼亦能破僧輪。破俗諦僧。破羯磨僧。亦破第一義僧。破僧輪。但南洲。諸佛皆出現。南閻浮提故。破羯磨僧。通三天下。唯除北洲僧衆少居故但言三天下。此戒大乘同制。若僧輪未破。即是惡心。瞋心。僻教戒攝。僧輪若破。則成逆不通懺悔。

【附考】僧祇律云。破僧者。若於中布施。故名良福田。

於中受具足。故名受具足。若覺已應去。若不去者。是名破僧伴。是破僧伴黨。盡壽不應共語。共住共食。不共三寶事。不共布薩安居自恣。不共羯磨。得與餘外道出家人。有牀座欲坐便坐。不得與彼令坐。準律所言。破僧之人。猶名福田。猶名善受具者。云猶是福田。如金杖雖斷。兩處皆金。既不失戒體。故是僧伽。而令篤信平等行施。初出家時。未嘗覺知。仍但以好心。從之受具。受具心眞。豈不得戒。如後覺知。理無共住。安有甘心。作破僧伴黨。是以應去也。

第十一不捨惡黨破僧戒

若比丘伴黨。若一。若二。若三。乃至無數。彼比丘語是比丘言。大德莫諫此比丘。此比丘是法語比丘。律語比丘。此比丘所說。我等喜樂。此比丘所說。我等忍可。彼比丘言。大德莫作是說。言此比丘。是法語比丘。律語比丘。此比丘所說。我等喜樂。此比丘所說。我等忍可。然此比丘。非法語比丘。非律語比丘。大德莫欲破壞和合僧。汝等當樂欲和合僧。大德與僧和合。歡喜不諍。同一師學。如水乳合。於佛法中。有增益安樂住。是比丘。如是諫時。堅持不捨。彼比丘應三諫。捨此事故。乃至三諫。捨者善。不捨者。僧伽婆尸沙。

〔緣起〕佛在王舍城。靈鷲山中。時調達伴黨。方便助破和合僧。語諸比丘言。汝莫訶調達所說。調達是法語比丘。律語比丘。調達所說。我等忍可。諸比丘。以此白佛。佛種種訶責調達伴黨已。令僧作訶諫。白四羯磨。若有如是伴黨相助。壞和合僧者。亦當作如是訶諫。白四羯磨。乃與諸比丘結戒。此戒所由之事。及起煩惱。並根本種類。皆同於上。

〔釋義〕文分四節。若比丘伴黨下。是助破僧者。返遮如法進諫。彼比丘言。大德。莫作是說下。明諫彼非法伴黨。是比丘如是諫下。明訶諫白四羯磨。若不捨者下。結成違諫之罪。律云順從者有二順從。順從。謂同邪違正。依隨而住。即助破伴黨也。一法順從以法教授增戒增心。增慧。諷誦承受。二衣食順從。給與衣被。飲食。牀座臥具。病瘦醫藥。法語律語者。律攝云。語詞圓足。曰法語。合理無差。曰律語。又能引實義名法語。出柔軟言。名律語。我等喜樂者。彼所作事。咸稱我心。我等忍可者。彼有所說。咸願受持。大德莫作是說等者。勸其依隨正部。捨背邪黨。餘如上釋。

〔結罪〕是中犯者。若比丘作非法羣黨語諸比丘言。

大德。汝莫諫此比丘。此比丘。是法語比丘。律語比丘。此比丘所說。我等忍可。

應諫此羣黨比丘云。大德莫作是語。此比丘。是法語比丘。律語比丘。此比丘所說。我等忍可。而此比丘。非法語比丘。非律語比丘。汝等莫壞和合僧。當助和合僧。大德與僧和合歡喜不諍。同一水乳。於佛法中。有增益安樂住。可捨此事。勿為僧所訶。更犯重罪。若隨語者善。　若不隨語者。僧當作白。乃至三羯磨訶諫。捨不捨。所犯輕重。悉皆同前。　犯緣同前。

〔兼制〕比丘尼僧殘。同制同學。式叉摩那。沙彌。沙彌尼。突吉羅。是爲犯。

〔隨門〕此中不犯者同前。

準本律所明。自此下三戒。無有令四衆。若王。大臣等。及餘方比丘。信語者。復求諫捨之法。唯比丘屛處別諫。屛諫不捨。僧卽應作白三羯磨訶諫之。所以有異上者。上乃自立邪宗爲主。破僧是故。聖慈愈切展轉多方。

〔會採〕十誦律云。若一比丘被擯。四比丘隨之。名爲破僧。若多知多識多聞大德。明解三藏義人。不應與人不見擯。得偷蘭遮。近破僧故。所言擯者。擯有能擯所擯之人。法有是法。非法之別。若能擯者。如法如律。則罪屬所擯。及隨擯人。若能擯者。非法非律。則罪屬能擯者。及僧然如法。比邱雖枉受擯。決不在界內。別行僧事。而破僧也。　若多知多識等。不應與作。不見擯者。非謂彼等有過。怖愛容恕不治。由恐擯彼一人。多人隨之。必致破僧分部。但須善權勸誘。令其見罪。是以不得輒作羯磨。若輒作者。反獲其罪。不善稱量。而無方便密護僧倫也。

律攝云。若他諫時。心同惡黨。設令不語。亦犯眾教。卽僧殘。有言不同。而心樂破。犯窣吐羅。　尼眾若破不應教授。應告彼曰。姊妹應先和合。方求教授。

若苾芻尼眾不諮稟苾芻。輒自擅意別爲軌。則聚徒眾者。得窣吐羅罪。 諸有被責求寂等。若餘苾芻。輒供衣食。而攝養者。破他門徒。得窣吐羅罪。若作好心。欲令調伏。權時攝誘者無犯。

此戒大乘同制如上。

第十二被擯不服戒

若比丘。依聚落。若城邑住。污他家。行惡行。污他家。亦見亦聞。行惡行。亦見亦聞。諸比丘當語是比丘言。大德。污他家。行惡行。污他家亦見亦聞。行惡行亦見亦聞。大德。汝污他家。行惡行。今可遠此聚落去。不須住此是比丘語彼比丘作是語。大德。諸比丘有愛。有恚。有怖。有癡。有如是同罪比丘。有驅者。有不驅者。諸比丘報言。大德。莫作是語。有愛。有恚。有怖。有癡。有如是同罪比丘。有驅者。有不驅者。而諸比丘不愛。不恚。不怖。不癡。大德。汚他家。行惡行。汚他家。亦見亦聞。行惡行。亦見亦聞。是比丘如是諫時。堅持不捨者。彼比丘應三諫。捨此事故。乃至三諫。捨者善。不捨者。僧伽婆尸沙。

緣起 佛在舍衛國。時莿連邑有二比丘。一名馬師。

二名滿宿。作非法行。自種華樹。自溉灌。自摘華。自作鬘。自持鬘與人。亦敎他如是作。若彼村落中有婦女。共同一牀坐起。同一器飲食。語言戲笑。或自歌舞倡伎。或敎他作已唱和。或俳說。鼓簧吹貝。受僱戲笑等時。有衆多比丘。至羈連乞食。法服齊整。行步庠序。低目直前。不左右顧視。諸居士見。反以爲非。不施飲食。諸比丘詢知其故。具以白佛。佛敕舍利弗。目犍連往作驅擯。白四羯磨。二尊者受敕。往彼集僧已。爲彼二人作舉。作憶念。與罪羯磨。時彼二人言。眾僧有愛恚怖癡。更有餘同罪比丘有驅者。有不驅者。而獨驅我二尊者還舍衞。以此白佛。佛令僧與作訶諫。白四羯磨。爲諸比丘結戒。此由受用鄙事故。而行汚家。由家慳惱。制斯學處。乃初篇殺根本種類。若謗僧愛恚怖癡。乃妄根本種類。

（釋義）文分六節。若比丘依聚落下。明舉所爲之非。諸比丘當語。是比丘等下。明驅擯之法。是比丘語彼比丘。作是語下。是非法人反謗如法僧。諸比丘報言下。明諫捨謗擯。是比丘如法諫時。下乃訶諫白四羯磨。不捨者下。結成違諫之罪。律云村者。有四種如上。村卽聚落也。城邑者屬王。城者以城盛民也。邑者都邑也。周禮以四縣爲都。四井爲邑。家者有男有女。是俗居之宅。汚他家有四種事。一依家汚家。若比丘從一家得物與一家。所得物處。聞之不喜。所與物處。思當報恩。卽作是言。若有與我者。我當報之。若不與我者。我何故與。是爲依家汚家。二依利養汚家。若比丘如法得利。乃至鉢中之餘。或與一居士。不與一居士。彼得者卽生是念。當報其恩。其有與我者。我當報之。若不與我。我何故與。是爲依利養汚家。

三依親友汚家。若比丘依王若大臣。或爲一居士。或不爲一居士。所爲者。卽思當報恩。其爲我者。我當供養。不爲我者。我不供養。是爲依親友汚家。

四依僧伽藍汚家。若比丘取僧華果。與一居士。不與一居士。得者作念。其有與我者。我當供養。不與我者。我不供養。是爲依僧伽藍汚家。

行惡行者。自種華樹。敎人種華樹。乃至受僱戲笑。如上所說。亦見亦聞者。

此顯見聞疑性。性者實也。今可遠此聚落去。不須住此者。此乃驅擯之語。是比丘語彼比丘作是語。大德諸比丘有愛等者。因如法驅擯。反生謗語。有愛。謂愛念之者。當驅而不驅。有恚。謂瞋恚之者。不當驅而即驅。有怖。謂於逃去者。不敢治罰。有癡。謂無有智慧。有汚家輩。不善分別。可擯不可擯者。

結罪是中犯者。若比丘依聚落住。汚他家行惡行。汚他家。亦見亦聞。行惡行。亦見亦聞。如法比丘應諫。此汚家惡行比丘言。大德汚他家。亦見亦聞。行惡行。亦見亦聞。大德汚他家行惡行。可捨此事。莫爲僧所訶。更犯重罪。若隨語者善。

若不隨語者。僧應作白。乃至三羯磨。捨。不捨。所犯輕重。皆同於上。唯異未白前。反謗僧言。有愛恚怖。癡。一切突吉羅。　此戒以四緣成罪。一。親近白衣住。二。作汚家行。三。心有貪瞋。四。謗諫不捨。若緣不具。唯治方便。

【兼制】比丘尼僧殘。同制　同學。式叉摩那。沙彌。沙彌尼突吉羅。是爲犯。

【隨開】不犯者。若初語時捨。若非法別衆。乃至一切未作訶諫前。不捨不犯本罪。若與父母。病人。小兒。妊身婦女牢獄繫人寺中客作不犯汚他家若爲三寶種華樹摘取貫華作鬘自持供養敎人爲供三寶種華等若走避恐難跳躑坑渠若同伴行在後還顧不見嘯喚不犯行惡行及最初未制戒等是爲不犯

會採十誦律云若言諸比丘隨愛瞋怖癡行得四偷蘭遮　若言有驅者有不驅者呵罵僧故得波逸提　若未作驅出羯磨時言諸比丘隨愛瞋怖癡行突吉羅是不應約敕言不應約敕者非謂棄而不諫應當集僧作白三羯磨呵諫也

薩婆多毘婆沙云。凡出家人。無爲無欲。淸淨自受以修道爲心。若與俗人信使往來。廢亂正業。非出家所宜。　又復若以信物。贈遺白衣。則破前人平等好心。於得物者。歡喜愛敬。不得物者。縱使賢聖。無愛敬心。失他前人。深厚福利。　又復倒亂佛法。凡在家人。應以飲食衣服。供養出家人。而出家。反供養白衣。仰失聖心。　又亂正法。凡在家人。常於三寶。求淸淨福田。割損身肉。以種善根。以出家人。信物贈遺因緣故。反於出家人。生希望心。破他前人。於三寶中。清淨信敬。　又失一切出家人種種利養。　若以少物贈遺白衣。縱使起七寶塔種種莊嚴。不如靜坐清淨持戒。即是供養如來眞實法身。　若以少物贈遺白衣。正使得立精舍。猶祇桓。不如靜坐清淨持戒。即是清淨供養三寶。　若以少物贈遺白衣。縱令四事供滿閻浮提一切賢聖。不如靜坐清淨持戒。即是清淨供養一切賢聖。若有强力欲破塔壞像。若以贈遺得全濟者。當貢塔地華果。若塔有錢。若餘緣得物。隨宜消息。　若有强力。欲於僧祇作破亂折滅。若僧祇中。隨有何物賣以作錢隨緣消息。若僧常臘。若面門臘。若有强力。欲作折滅。隨此地中所可出物。以消息之。僧常臘。即常住僧物。面門臘。即現前僧物。毘婆沙中。并自恣物。佛塔物。通稱爲臘。未詳何義。或取以時受。用意。父母是福田。則聽供養。若僧祇人。以爲僧祇役故。此則應與。一切孤窮乞丐。憐愍心故應與。

第三分云。比丘不應爲白衣剃髮。除欲出家者。僧畜剃髮刀。名曰戒刀。若非出家求度。豈可泛用。今時不禁。由不知律故也。

第四分云。比丘不應禮白衣及白衣塔廟。不應故左遶行。白衣塔廟。即在家人之墳墓。祠堂也。故左遶者。謂有心故慢。而左逆遶之。西域凡作禮時。皆從右遶。爲順。以表恭敬也。不應與人卜占。亦不應從人卜占。不應事餘種種外道法。不應誦外道安置宅舍吉凶符書呪術。不應自作伎樂。若吹貝供養塔。聽令白衣作。不應畜鸚鵡等鳥。不應畜狗。律攝云。爲防守故。隨意養狗。不應乘象馬車乘輦輿。捉持刀劍。老病者。聽乘步挽車。即輦輿也。若男乘。男畜也。避難。聽乘象馬。於聖法律中。歌戲猶如哭。儛如狂者。戲笑似小兒。不應向暮至白衣家。除爲三寶事。病比丘事或檀越相喚。常喜往返白衣家。有五過。一數見女人。二漸相附近。三轉親厚。四生欲意。五或犯死罪。犯四棄不可救。故名死罪。若次死罪。若犯僧殘。前四並初二兩篇。從生偷蘭還可救。故云次死。

五分律云。不應以僧果餉白衣。若乞應與。

十誦律云。比丘有五不應行處。童女。寡婦。婦婬女。比丘尼。又有五不應行處。賊家。旃陀羅家。酤酒家。婬女家。屠兒家。

根本雜事云。五非處不應住立。唱令家、（即優俳戲樂之家。婬聲美色。能惑人道意也。）婬女家。酤酒家。王家。旃陀羅家。

善見律云。檀越請比丘送喪。不得去。若比丘自念我往看葬。作無常觀。因此故我或得道果。如是去無罪。

根本尼陀那云。苾芻不應賣藥。若善醫方者。起慈愍心。應病與藥。不得受他價直。諸雜類人。既出家已。不應輒顯昔時伎業。亦不得畜工巧器具。若先是醫人。聽畜鍼筩及盛刀子袋。若先書生。

聽畜墨瓶。

此戒大乘同制，汚他家。卽因利求利，經理白衣等戒行。惡行，卽邪業覺觀。邪命自活等戒，言僧有愛恚怖癡。卽謗僧戒所攝。

引證　緇門警訓云，但以邪心，有涉貪染。爲利賣法。禮佛讀經，斷食諸業。所獲賦賄，皆日邪命物。正乖佛化　斷食者，或一七。乃至七七日。禁咽絕餐。或唯飲水，或用糠麩。縱然忘身爲衆。自無所求。尙非正行。何況存貪顯異。而云苦修。此則正乘佛制也。

戒疏發隱云，有四正命。一深山草果。二常行乞食。

三檀越送供。四隨大眾食。以此四法清淨活命。無所染污。

佛藏經云。或有比丘。因以我法出家受戒。於此法中。勤修精進。雖諸天神。諸人不念。但能一心勤行道者。終不念衣食所須。所以者何。如來福藏難盡。如來滅後白毫相中。百千億分。其中一分。供養舍利。及諸弟子。設使一切世間人。皆共出家。隨順法行。於白毫相百千億分不盡其一。

第十三不捨惡性戒

若比丘惡性不受人語。於戒法中。諸比丘如法諫已。自身不受諫語。言諸大德。莫向我說若好若惡。我亦不向諸大德說。若好若惡。諸大德且止。莫諫我。彼比丘諫是比丘言。大德莫自身不受諫語。大德自身當受諫語。大德如法諫諸比丘。諸比丘亦如法諫大德。如是佛弟子衆。得增益。展轉相諫。展轉相教。展轉懺悔。是比丘如是諫時。堅持不捨。彼比丘應三諫。捨此事故。乃至三諫。捨者善。不捨者。僧伽婆尸沙。

〔緣起〕佛在拘睒彌國。美音長者園中。時尊者闡陀。

惡性不受人語。語諸比丘言。汝莫語我好惡。且止莫有所說。何用教我爲。我應教諸大德。何以故。我聖主得正覺故。而云我聖主者。自謂佛是我家之佛也。譬如大水初來。漂諸草木。積在一處。亦如大風吹諸草木。集於一處。諸大德。亦如是。種種姓。種種名。種種家。出家集在一處。是故諸大德不應教我。我應教諸大德。我聖主得正覺故。諸比丘具陳白佛。佛令僧與彼作訶諫白四羯磨。爲諸比丘結戒。此由惡性故。遂生惱恨。自損損他。制斯學處。乃初篇妄根本種類。

〔釋義〕文分四節。若比丘下。明惡性違教。彼比丘諫。是比丘下。明諫捨惡性。是比丘如是諫時下。明作白羯磨訶諫不捨者下。結成犯罪。律云惡性不受語者。不忍不受人教誨。以戒法中。如法諫者。有七犯聚。波羅夷。僧殘。波逸提。波羅提提舍尼。偷蘭遮。突吉羅惡說。諸部不言七聚。唯本律明之。於突吉羅中。開出惡說。自身不受諫語者。得如法諫誨之時。仍守惡性。自用戾情。不納他言。乃作不共語也。諸大德。莫向我說若好若惡者。謂利益事。不須勸喻。非利事勿相遮止。此以傲慢不忍善言。我亦不向諸大德說若好若惡者。此欲彰己無事及人。

而人亦勿。以事及我。皆是遮他諫語。且止莫諫我者。是預爲遮止他人未出之言。勿令說也。愈顯自心。不忍不納。莫自身不受諫語者。是教誡之詞。自身當受諫語者是教授之言大德如法諫諸比丘。諸比丘亦如法諫大德。如是佛弟子衆。得增益等者。此是勸喻獲益之語。由互相諫故。佛弟子衆得善法。增長熾盛。由熾盛故。正法得以久住世間。由正法久住故。能使聖種不斷。諫謂遮無利益。教謂令獲善利。懺悔。謂改往修來。

【結罪】是中犯者。若比丘惡性不受人語。餘言如上比丘應諫。此比丘言。大德。莫自作不可共語。當作可共語。大德如法諫。諸比丘。諸比丘亦當如法諫大德。

如是佛弟子眾得增益。展轉相教。展轉相諫。展轉懺悔。大德可捨此事。莫爲僧作訶諫。更犯重罪。若隨語者善。

不隨語者。僧應作白。乃至三羯磨訶諫。捨不捨。犯罪輕重。皆同於上。　此戒以四緣具足成犯。一稟性麤獷。二無慚慠慢。三不忍違諫。四羯磨已成。若緣有闕。但結方便。

〔兼制〕比丘尼僧殘。同制同學。式叉摩那。沙彌。沙彌尼突吉羅。是爲犯。

〈隨開〉不犯者。初語時捨。非法別眾。乃至若一切。未作訶諫前。若無智人訶諫時。語彼如是言。汝和尚阿闍黎。所行亦如是。汝可更學問誦經。若戲語。疾疾語。獨語。夢中語。欲說此錯說彼。及最初未制戒等。是為不犯。

〈會採〉十誦律云。若諸比丘不舉。不憶念。自身作不共語。突吉羅。是不應約敕。　舉者。比丘應語長老。汝作某罪。當發露。莫覆藏。當如法除滅。　憶念者。比丘應語長老。汝憶念某時某處作如是罪不。

此戒大乘同制。若惡性戾情。則遠捨利生。自障本慧。

〈引證〉第四分云。佛告諸比邱。我爲汝等。說八種惡馬。及八種惡人。或有惡馬。授勒與鞭。欲令其去。而更觸躓不去。一或反倚傍兩轅。而不前進。二或顚躓倒地。旣傷其膝。又折轅輻。三或更卻行不進。四或更趣非道。破輪折軸。五或不畏御者。亦不畏鞭方便。咋銜奔突不可禁制。六或雙脚人立吐沫。七或反蹲臥。八是爲八種惡馬。

或有比丘。舉彼見聞疑罪。便言。我不憶。我不憶或不言犯。不言不犯。默然而住。二 或言長老。亦自犯罪。云何能除他罪。三 或言長老自癡。猶須人教。而欲教我。四 或說餘事答。反生瞋恚。五 或不畏衆僧。亦不畏犯。不受舉罪者語。便捉坐具。置肩而出。不可訶制。六 或左抄衣在衆中舉手大語。乃令汝等教授我耶。七 或言長老亦不與我衣鉢臥具醫藥。何故教我。彼即捨戒取於下道。至比丘所作如是言。我已休道於意快耶。八 是爲八種惡人。如彼惡馬無異。佛所慈愍。

〈附考〉薩婆多論云。經中說。但自觀身行。諦視善不善。而律云。展轉相教者。佛因時制教。言乖趣合。不相違背。佛以前人心有愛憎。發言有損。若鈍無智。若少聞少見。出言無補。若爲利養名聞。有所言說者。是故但自觀身行。　若爲慈心有利益。若聰智利根。發言有補。若廣聞博見。有所宏益。若爲利益衆生。闡揚佛法者。則應展轉相教。　又爲新出家。愛戀父母兄弟妻子。是故言。但自觀身行。若久染佛法。力能兼人者。則應展轉相救。然此十三僧殘罪。雖有救。制悔不易。例前似輕。準後極重。其間有覆無覆。與夫更與本日治。或三增四五。或二復加三。乃至重重稱量展轉治法。皆於作持中詳明。

二十三僧殘法竟

毘尼止持會集卷第四終

音義

曠野國　根本律云。時摩竭陀。憍薩羅。二國中間。大曠野處。有五百羣賊。殺害商旅。由斯兩界。人行路絕。時影勝王。聞知已。命大將往彼屏除羣賊。其將至彼。方便降伏。羣賊求哀請活。大將愍之。

慈心向彼。卽於二界中間。築一新城。總集諸人。共住於此。從斯已後。名曠野城。**螺髻梵志**。西天外道或以螺爲髮。或以髮追髻如螺也。梵志是一切出家外道通稱。若有承用其法者。亦名梵志。**摩尼犍大龍王**。摩尼正言末尼。卽如意珠也。此云離垢。謂龍王腦中。有此珠。若人得之。毒不能害。火不能燒。犍大正言犍達。此云香。梵語那伽。此云龍王也。**佛圖**。卽浮圖是佛塔廟也。**拼**音崩**拘睒彌國**。西域記云。憍賞彌國。舊曰拘睒彌國。訛也。中印度境。周六千餘里。國大都城周三十里。土稱沃壤。地利豐植。氣序暑熱。風俗剛强。好學典藝。崇樹福善。**瞿師羅國**。此是長者名也。此翻美音。由過去世作狗子時。以聲吠請辟支佛。至家供食。故生生中。報得好音。是長者身長三尺。佛亦化身爲三尺以化彼。令歸正法。西域記云。具史羅。舊云瞿師羅。訛也。城東南不遠。有故伽藍。其史羅長者。舊園中有窣堵波。無憂王之所建立。高二百餘丈。如來於此數年說法。其側則有過去四佛座。及經行遺迹。復有如來髮爪塔。長者因緣。根本律廣明。

優塡王或云憂陀延。又云優陀延那。唐言出愛。佛初降誕時。大地震動。普放光明。時憍閃毘國。百軍大王。初誕一子。見此光明。便作念云。我子福力。有大光明。如日初現。普照世間。宜與名曰光明。若詳其王功德。於賓頭盧經廣明。

闡陀按薩婆多論云。又名闡那。是佛異母弟。優塡王妹兒。生大豪族。出家爲道。多住拘睒彌國。性懆自用。作種種過惡。多在此國。又云此國。是闡那所生處。白淨王安一宮室。闡那母常在此中。有一妹。亦適此國。以是因緣。多住此國。又以此中利益眾生。

尼拘律樹又云尼拘盧陀。此云無節。又云縱廣。阿含云。其身圓正。其葉青滑。長廣。子似枇杷子。承蔕如柹然。其種類耐老。諸樹中最能高大者。

佛磔手磔音窄。磔者張也。律攝云。佛張手者。中人三張手。謂佛一張手。當一肘半也。 五分律云。修伽陀。磔手者。方二尺。修伽陀。此云善逝。是佛十號之一號也。尺者度也。周制寸尺。唐卽於周。一寸上增二分。一尺上增二寸。蓋周尺一尺。唐是八寸五分。言二尺卽唐尺一尺六寸。方與中人。三張手相當也。

沓婆摩羅子 沓婆。或作達婆。或作陀婆。又曰陀驃陀驃。翻云主。摩羅。此云力士。或云壯士。根本律云。波波國中。有一壯士大臣。名勝軍。大富多財。受用豐足。所有貲產。如毘沙門王。雖非王種。時諸壯士作灌頂法。扶以爲王。後生一兒。色相端美。天然淨潔。彼國之法。若天然淨潔者。名實。此兒亦爾。淨潔過人。復是壯士大王之子。應與立字。名實力子。善見律云。沓婆是比丘名。摩羅是王名。此王子出家。故名沓婆摩羅子。此大德年七歲出家。鬚髮落地。卽成羅漢。得三達智。具六神通。以本願故。爲僧差使。

慈地比丘 是六羣比丘中。第一惡者。於生生中。與摩羅子。常爲怨惡。

檀越 或云檀那。寄歸傳云。梵云陀那鉢底。譯爲施主。陀那是施。鉢底是主。畧去那字。取上陀音。轉名爲檀。更加越字。意道由行檀捨。自可越度貧窮。**牴**音低。牝羊三歲曰牴。性善抵觸。**提婆達多**。畧言。調達。或云提波達兜。提婆翻名天。達多。此云授。亦云與。亦云施。三義皆一。謂父母。從天乞子。天授與之。故名天授。或翻天熱。以其生時。人天等衆。心皆驚熱。是佛堂弟。阿難親兄也。或云。是佛從兄。身有三十相。出家誦通。六萬法聚。學滿十二韋陀典。十二遊經云。調達四月七日食時生。身長一丈五尺四寸。**阿闍世**。此翻未生怨。母懷之日。已有惡心。於瓶沙王。未生已惡。故因爲名。舊翻無指。生時相者云凶。王令升樓撲之。不死。但損一指。故爲名也。內人將護。呼爲善見。涅槃經云。提婆達多語善見太子言。國人罵汝爲未生怨。善見言。何故名我爲未生怨。誰作此名。達多言。汝未生時。一切相師占言。是兒生已。必殺其父。是故外人。悉號汝爲未生怨。一切內人。護汝心故。謂善見。普超經云。阿闍世。從文殊懺悔。得柔順忍。命終。入賓吒羅地獄。卽入卽出。生上方佛土。得無生忍。彌勒出時。復來此界。名不動菩薩。後當作佛。號淨界如來。

涕吐之身

提婆達往至阿闍世太子所以神通力飛在空中或現身或隱身或現半身等說法或身出煙出火或變身作嬰孩身著瓔珞在太子抱上轉側敕太子指時太子阿闍世見此變恐懼提婆達知太子恐懼即語言勿懷恐懼太子問曰汝是何人答言是提婆達太子言汝實是提婆達者還復汝身尋復其身見已即增信樂太子日日將從五百乘車朝暮問訊并增供五百釜飲食諸比丘以此因緣白佛佛告諸比丘汝等各自攝心莫生貪著提婆達利養也何以故正使太子日日如是問訊供養唯增益提婆達惡心譬如男子打惡狗鼻而令彼狗更增兇惡此亦如是故佛訶責云涕吐之身也

四聖種

一衣服知足聖種二飲食知足聖種三臥具知足聖種四醫藥知足聖種婆沙論以醫藥攝前三中第四出樂斷樂修聖種即住阿蘭若也聖者佛獨覺聲聞彼從此生相續不斷故名聖種也又正法名聖此能住持令久相續故名聖種

五十四

種人羯磨。即是立人作寺主。作知庫。分衣。乃至分粥等。白二羯磨差使也。不截衣
纈。纈音襭。織餘曰纈。即機頭纈者。馬師滿宿 馬師。梵語阿濕婆。滿宿。云富羅婆娑。善見
律云。馬師滿宿。於六羣比丘中。最是上座。本是田夫。同作田辛苦。共相論言。我等作田辛苦。可共出
家於佛法中。衣食自然。一是舍利弗弟子。一是目犍連弟子。出家受具足已。誦戒竟。五臘滿。二人共
議意共同好種華等事。即往豐熟處住。婆沙論云。馬宿井宿。恆造惡行。佛常教化。都不信受。佛記。二
人命終。生龍趣中。彼亦自見於十指端。有十道水。將欲流出。便作是念。我等決定當生龍中。佛復記
彼二人已種獨覺菩提。於當來世。定成獨覺。俳說 上音牌。戲也。又俳優。雜戲也。又俳者。樂人
所為戲笑。以自怡悅也。漢書云。詼笑類俳倡。詼音奎。謿調也。倡妓 倡者俳也。妓者女樂也。
鼓簧吹貝 簧者。乃笙竽管中金葉也。然笙竽皆以竹管。植於匏中。而竅其管底之側。以薄

金葉障之吹則鼓之而出聲所謂簧也故笙竽皆謂之簧小笙十三簧大笙十九簧竽二十六簧長四尺二寸貝乃海中螺貝也

受僱 傭賃也

嘯噢 上音笑蹙口而吹聲也

贓賄 金玉曰貨布帛曰賄凡非理所得財賄皆曰贓

餐 燦平聲熟食也一曰吞食

闍陀 此云車匿薩婆多論又云闍那是佛異母弟優塡王妹兒生大豪族出家爲道多住拘睒彌國性悷自用因惡性不捨衆僧作梵罰雜阿含經云佛般泥洹未久闍陀詣鹿野苑中諸比丘所而請教授諸比丘爲說五蘊無常彼未解後於阿難所請敎聞法阿難爲說法要得開悟證果

躓 音至頓足不前進也

蹷 音厥跳走也

轅 音袁車前曲木上鉤衡者

⿰車鬲 音隔車軸也

咋衘 上音責嚙也下音鹹馬口中勒也

毘尼止持會集卷第五

金陵寶華山宏律沙門讀體集

〔三不定法〕此不定有二條。律攝云。不定法者。言此罪體無定相。故容有多罪。不可定言。薩婆多毘婆沙云。佛坐道場時。已決定五篇戒輕重通塞。無法不定。此所以言不定者。直以可信人不識罪相輕重。亦不識罪名字。設見共女人一處坐。不知爲作何事。爲共行婬。爲作觸摩。爲作惡語。爲過五六語。故言不定。文　然中犯相若以五篇收之則前攝初二。後準單墮。所起煩惱及歸根本重類。皆屬婬故。其泥犁受報歲月極苦。一一準罪可知。

初三不定法

若比丘共女人獨在屛覆處障處可作婬處坐。說非法語。有住信優婆私。於三法中。一一法說。若波羅夷。若僧伽婆尸沙。若波逸提。是坐比丘。自言我犯是罪。於三法中應一一治。若波羅夷若僧伽婆尸沙。若波逸提。如住信優婆私所說。應如法治。是比丘。是名不定法。

【緣起】佛在舍衛國。祇桓精舍。迦留陀夷未出家時。有親友婦。名齋優婆私。顏貌端正。迦留陀夷亦顏貌端正。互相繫意。於乞食時往詣其家。在屏覆處。與共獨坐說非法語。時毘舍佉母有小緣事往彼。毘舍佉母。遙聞迦留陀夷語聲。意爲說法。信樂心生。卽就壁聽。闚其所以。往禮世尊。具白上事。佛知訶責迦留陀夷已。集十句義。與諸比丘結戒。此是性罪。由婬煩惱。制初不定。

薩婆多論問云。毘舍佉聰明利根。大德重人。知比邱與女人屛處坐。何故往答。是人已入道跡。已得阿那含道深樂佛法。佛常自說。聽法有五事。一。得聞未曾聞法。二。已曾聞淸淨堅固。三。除邪見。四。得正見。五。解甚深法。是以毘舍佉。樂法情深。不以嫌疑自礙。佛說種種法者。在家人未入道。亦多爲說布施功德。出家人已入道跡。多爲說持戒功德。與諸比邱結此戒者。一。爲止誹謗故。二。爲除鬬諍故。三。爲增上法故。比邱出家。迹絕俗穢。爲人天所宗。以道化物。而與女人屏處。私曲鄙碎。上違聖意。下失人天宗仰信敬。四。爲斷惡業。次第法故。初既屏處。漸染纏綿。無所不至。是以防之。

〔釋義〕文分三節。共女人獨在屏覆處下。明所犯之境。有住信優婆私下。明見聞有根。是坐比丘下。正明所犯。律云。女人者。人女有智未命終。獨者。一比丘。一女人。屏覆二種。一者。見屏覆。若塵。若霧。若黑暗中不相見。二者。聞屏覆。乃至常語不聞聲處。障處者。若樹。若牆壁。若籬。若衣。及餘物障。可作婬處者。謂其處堪作不淨事。坐者、謂身所居若牀若座乃至地敷得容二身說非法語者。說婬欲法。住信優婆私者信佛法僧。歸依三寶。受持五戒。善憶持事不錯不妄。薩婆多論云可信優婆夷者若人語言汝若妄語不害汝命若不妄語當害汝命即思我不妄語害此肉身滅此一身若妄語者滅無量身兼害法身誓不妄語又復語言汝若妄語活汝父母兄弟姊妹一切親族若不妄語一切殺之尋思我不妄語害此一世生死親族我若妄語流轉三惡永失人天累世親族眷屬又失出世賢聖眷屬誓不妄語又復語言汝若妄語與汝珍寶種種財利若不妄語即不與汝即思我不妄語失此俗財我若妄語失聖法財誓不妄語是名可信優婆夷　僧祇律云成就十六法名可信優婆夷歸佛歸法歸僧於佛不壞淨於法不壞淨於僧不壞淨僧未得利能令得已得利能令增僧未有名稱能令名聞遠著僧有惡名能令速滅不隨愛瞋怖癡離欲向成就聖果於三法中。一一法說等者。謂於四棄十三僧殘九十墮中隨一一法而陳說也三法皆云若者若乃不定之義是坐比丘自言我犯是罪等者。謂以所爲之事據實自說即如其言治之若其言與優婆私語不相當即應如優婆私言而治之

律攝云。此中不定法。由事。由處。由情。由證。以爲其體。若復苾芻獨與一女人者。是事。在屏障者。是處。堪行婬者。是情。若有正信鄔波斯迦即優婆夷也隨一而說者。是證。　又設是異生。有忠信者。言行無濫。亦依其語。異生者以人倫異於非人畜類故名異生則知一切人凡正直不妄之言皆可

準

信

〔結罪〕是中犯者。若比丘自言所趣向處。自言所到處。自言坐。自言臥。自言作。卽應如比丘所語治。

若比丘自言所趣向處。自言所到處。自言坐。自言臥。不自言作。應如優婆私所說治。

若自言所趣向處。自言所到處。自言坐。不自言臥。不自言作。應如優婆私所說治。

若自言所趣向處。自言所到處。不自言坐不自言臥。不自言作。應如優婆私所說治。

若自言所趣向處。不自言所到處。不自言坐。不自言臥。不自言作。應如優婆私所說治。

若不自言所趣向處。不自言所到處。不自言坐。不自言臥。不自言作。應如優婆私所說治。

〔會採〕十誦律云。隨優婆夷所說事。應善急問。（善謂稱量前境急問謂據證速究）是比丘善急問已。若言我不往無有是罪。應隨可信優婆夷語故。與是比丘作實覓。白四羯磨。作羯磨已。應隨順行。不與他受大戒。乃至心常行恭敬禮拜。（即奪三十五事也）若不如法行者。盡形壽。不得出是羯磨。

薩婆多論云。若比丘初言爾。後言不爾。或言我不往。不作是罪。應隨可信人語。與實覓毘尼。所以爾者。欲令罪人折伏惡心。又令苦惱。不覆藏罪。又令梵行者。得安樂住。又肅將來。令惡法不起。與作羯磨已。若說先罪。應解羯磨。隨事輕重治。若不說者。盡形壽。不解羯磨。此實覓羯磨與夫解法俱於作持中明

次二不定法

若比丘。共女人在露現處。不可作婬處坐。作麤惡語。

有住信優婆私。於二法中。一一法說。若僧伽婆尸沙。若波逸提。是坐比邱自言我犯是罪。於二法中。應一一法治。若僧伽婆尸沙。若波逸提。如住信優婆私所說。應如法治。是比邱。是名不定法。

〔緣起〕此戒發起亦由前人。其閒別者。前據三事。是在屏處堪作婬處坐。此以二事。謂在露現不堪作婬處坐。其波羅夷罪無由生。故以彼共在露處。或身相觸。或說非法麤惡語。或說索供等語。故得僧殘罪。若獨與女人露地坐。或過語說法。或向說實得上人法。或說他麤罪等。故得波逸提罪。此戒犯者。唯除共作為異。餘言趣向。所到。坐臥。悉同於前。與實覓羯磨奪三十五事。若說先罪。與解羯磨亦爾。比丘尼無此二不定法。三不定法竟

四尼薩耆波逸提法

此波逸提法。比丘共有一百二十條。於中揀三十條。因財事生犯。貪慢心强制捨入僧中。名曰尼薩耆波逸提。餘有九十事。無財可捨。但名波逸提。

出要律儀云。尼薩耆。舊翻捨墮。　聲論云。尼翻為

盡。薩者翻捨。波逸提翻墮。

十誦律云。墮在燒煮覆障地獄。八熱通爲燒煮。八寒黑暗等。通爲覆障。

經云。犯波逸提。如夜摩天壽二千歲墮泥犁中。人間二百年彼天一晝夜於人間數一萬四千四百萬年。此泥犁即衆合地獄。謂以衆多苦具熾然猛熱。合來逼惱故。

第一衣過十日戒

若比丘衣已竟。迦絺那衣已出。畜長衣長去聲餘也經十

日不淨施得畜若過十日尼薩耆波逸提

〔緣起〕此戒有二制時佛在舍衛國聽諸比丘持三衣不得長六羣畜長衣或早起衣或中時衣或晡時衣如來知已訶責六羣不聽畜長衣集十句義與諸比丘結戒也時阿難得一貴價糞掃衣欲以奉大迦葉大迦葉常行頭陀樂著糞掃衣故而迦葉不在畏犯畜長衣乃往白佛佛問迦葉何時當還報言卻後十日因是開聽畜長衣經十日不淨施得畜故有第二結戒也此是遮罪由長衣事多

貪煩惱。制斯學處。

衣犍度云。佛見諸比丘在路行。多擔衣物。作是念。可爲諸比丘制衣多少。不得過畜。時佛初夜在露地坐。著一衣。至中夜覺身寒。即著第二衣。至後夜覺身寒。復著第三衣。便安隱住。時佛念言。當來世善男子不忍寒者。聽畜三衣。不得過。又云。若作新衣。一重安陀會。一重鬱多羅僧。二重僧伽黎。若故衣聽二重安陀會。二重鬱多羅僧。四重僧伽黎。糞掃衣。隨意多少重數。

僧祇律云。我諸弟子齊是三衣。足遮大寒大熱。防蠅蚊𧌒覆障慚愧。不壞聖種。若性不堪寒者。聽故弊衣隨意重納。

律攝云。應知三衣受用各別。若作務時。或道行時。及在寺內。常用五條。若行禮敬。及食噉時。應披七條。爲遮寒。入聚落乞食。噉食。禮制底。應著大衣。後二衣割截作。若是貧人。後必須截。爲入聚落故。何故不割截衣。不入聚落。然苾芻衣有其二種。與俗不同。謂彩色。形狀。俗人純白不截。苾芻壞色而截。

若是貧人後必須截者謂僧伽黎必須割截
衣持也以三衣大衣在後故曰後必須截

〈釋義〉文分三節。衣已竟下。明其創制。畜長衣下。明其隨開。若過十日下。結成所犯。律云衣竟者。三衣、迦絺那衣已出。僧祇律云比丘三衣已成是名衣竟不受迦絺那衣亦名衣竟已捨迦絺那衣亦名衣竟洗染衣訖亦名衣竟　迦絺那衣此翻云功德衣為坐夏有功五利賞德賞前安居人後安居人不得此衣於七月十六日受同眾僧受已若畜長衣離衣宿受別請展轉食前食後食不囑餘比丘入聚落此五戒聽開不犯至臘月十五日僧集羯磨捨迦絺那衣已若畜長衣等五事則犯捨即出也後安居人雖不得受衣其五事亦開聽一月此法於作持中明衣者有十種。憍賒耶衣此翻云野蠶衣如此方紬綾絹帛之類劫貝衣此翻云木綿衣如此方細布之類**欽婆羅衣**。此翻云細毛衣西域王臣長者多以上好極細羊毛織成其財名曰上妙氎也如此方絨褐之類**芻摩衣**。此翻云麻衣乃似麻之類亦名芻摩翻云細輭衣**讖摩衣**。此翻云麤布衣**扇那衣**。或云奢那衣乃樹名也此樹皮似麻取以織衣體如麤布此方無有**麻衣**。西域麻有多種自然青黃赤色不以染成**讖夷羅衣**。**鳩夷羅衣**。**讖羅半尼衣**。此三無翻譯雖聽十種衣者非謂比邱畜十衣也以世人所著之衣財不出此十若有施此十種衣財者比邱皆可納取染成壞色割截縫作三衣受持　衣犍度云佛在鹿野苑時憍陳如五比邱頂禮白佛言我等當持何等衣佛言聽持糞掃衣及十種衣應作袈裟色持斯乃創制後因無悲愍心起世譏嫌如下第十一戒中憍賒耶衣不聽著用**長衣者**。**若長如來八指**。**若廣四指是**。佛一指有二寸則長一尺六寸闊八寸儘可作大衣條隔用也除三衣及百一衣物外餘者皆名長衣　摩得勒伽論云何得長衣謂若入手若在膝上肩上作想此是我衣不淨施者衣犍度云淨施有二一眞實淨施謂眞實施與一比丘也二展轉淨施謂對一比丘作法已然後畜也異此二種故名不淨施此法於作持中明

結罪是中犯者若比丘一日得衣畜二日得衣畜乃至十日得衣畜至十一日明相出一切尼薩耆波逸提言一日者即以從他得衣入手之日名爲一日非謂月之初一日也此乃十日中日日相續得衣皆犯故云一切

若於十日內或閒日得衣或唯一日得衣至十一

日明相出。隨所得衣盡捨墮。

若比丘一日得衣不淨施。二日得衣淨施。三日得衣乃至十日得衣不淨施至十一日明相出。九日中所得衣盡捨墮。此十日中所得衣唯除第二日得者已作淨施故不犯其餘九日不作淨施者盡犯

若於十日內。或間日得衣。或唯一日得衣。至十一日明相出。隨所得衣。若作淨施者不犯。若不淨施者盡捨墮。

若十日內。或日日得衣。或間日得衣。或唯一日得

衣至十一日明相出。若不遣與人。若不失衣。若不

故壞若不作非衣。若不作親厚意取若不忘去。盡

捨墮。遣與人卽送與人也失衣謂被他盜去及離衣宿等故壞謂鼠咬蟲殘水漬火燒等作非衣謂別作餘用作親厚意取謂作一往久相知親友取去忘去謂有緣事他往忘其作淨施

若捨墮衣不捨。持更貿餘衣。一捨墮。一突吉羅。此

捨墮衣應捨與僧。僧者謂若四若五若十二十乃至數百比邱　若衆多

人。謂若二若三比邱　若一人。不得別衆捨。若捨不成捨。突

吉羅。

是比邱捨衣竟。不還者。突吉羅。　若還時。有人言

莫還者。突吉羅。　若作淨施。若遣與人。若持作三衣。若作波利迦羅衣。善見律云朱羅波利迦羅衣漢言雜碎衣也　若故壞。若燒。若作非衣。謂作餘用　若數數著壞者。盡突吉羅。已上突吉羅皆反治能作法者由不遵聖制違越毘尼故

此戒捨懺還衣等法。於作持中一一詳明。

此戒必具四緣。方成本罪。一時非開聽。二有貪慢心。三畜三衣及衣財。四過十日不受持。不說淨。

〔兼制〕比丘尼捨墮。同制同學　式叉摩那。沙彌。沙彌尼突吉羅。是為犯。

隨開 不犯者。齊十日內若轉淨施。若遣與人。若賊奪想。若失想。若燒想。若漂想。不淨施。不遣與人。若奪衣。失衣。燒衣。漂衣。取著。若他與著。若他與作彼不犯。　若彼受付囑衣者。若命終。若為賊盜惡獸水火等難。不作淨施。不遣與人。及最初未制戒等。是為不犯。

會採 僧祇律云。一日得衣。卽日作淨。乃至十日得衣。十日作淨。十一日得衣。十一日作淨。犯越毘尼罪。以無間故。　間者。一日得衣。得更停九日。二日得衣。更停八日。三日得衣。更停七日。乃至九日得衣。更停一日。十日得衣。卽十日作淨。十一日得衣。不應受。是名閒也。　若二比丘。共物未分。過十日不犯。　若居士舍請僧食。並施衣物。有病比丘囑人取衣分。是比丘持衣分。雖久未與不犯。　若師。若弟子送衣與。未得雖久不犯。　若令織師織衣。衣竟雖久不犯。　若比丘買衣雖價決了。未得衣不犯。　若爲佛爲僧供養故。求物集在一處。雖久未用。不犯。　若路行恐畏處藏衣而去。過十日取者犯。若人取來與者亦犯。若爲賊逐便捨衣走。過十日已。有人持來還者。無犯。於佛生處。得道處。轉法輪處。阿難設會處。羅云設會處。五歲會處。大得布施諸衣物。是物入僧未分者。雖久不犯。是物已分。多人共得一分。中有善毘尼人能爲衆人同意。作淨無犯。此方雖無如是聖迹。凡遇諸佛菩薩勝會道場所有施物。如法分已。準斯例行。可謂持律。

律攝云。若爲三寶畜衣。非犯。或施主作如是言。此是我物。仁當受用。雖不分別。卽說淨也。用之無犯。

或是已物寄他。或作未得想。斯皆無犯。

根本律云。若犯捨墮不捨。或雖捨不說悔。或雖說悔不經宿。謂開也隨有所得並成捨墮。由前染故。

若捨衣說悔。經宿已得。皆無犯。

五分律云。不得捨與餘人及非人。餘人謂下三眾與夫近事男女捨已然後悔過。若不捨而悔者罪益深。除長三衣。若長餘衣。乃至手巾。過十日。皆突吉羅。若淨施不犯。此謂十三資具守持用者一僧伽胝二嗢呾羅僧伽三安呾婆娑四尼師但那五裠六副裠七僧脚崎八副僧脚崎九拭身巾十拭面巾十一剃髮衣十二覆瘡衣十三藥直衣言藥直衣者於所

得衣中取一貴價者以預備爲藥直

薩婆多毘婆沙云。若初日得衣。二日捨。此中凡言捨即作淨也如是乃至九日得衣十日捨。十日所得衣。若不捨。不受持。不作淨。至十一日地了時捨墮謂前九日所得衣盡捨作淨。但十日所得一衣以前次續因緣故得捨墮罪。若初日得衣。初日捨。二日得衣。以相續故。此二日衣次第更得十日。若初日得衣二日捨。二日更不得衣。三日得衣。此三日次第得至十日。以不相續故。此中衣以日次第相續。

若初日得衣。卽不見擯。不作擯此乃犯罪。不懺悔僧爲作舉白四羯磨擯治也。惡邪不除擯。若狂心。亂心。病壞心。若不解擯。不得本心。乃至命終。不犯此戒。後解擯。得本心。還計日成罪。　若初日得衣。上天宮。北至鬱單越住。彼至命終。不犯此戒。後歸本處。計日成罪。　若初日得衣。至五日。不見擯。不作擯。惡邪不除擯。若狂亂病壞心。上天宮。北至鬱單越。後還解擯。若得本心。若歸本處。取前五日數。後五日。然後成犯。

又云。九十六種無淨施法。佛大慈悲方便力故。教令淨施。令諸弟子。得畜長財而不犯戒。問曰。佛何不直聽畜長財而强與結戒。設此方便。答曰。佛法以少欲爲本。是故結戒。不畜長財而衆生根性不同。或有多預畜積而後行道得證聖法。是故如來先爲結戒。而後設方便。於法無礙。衆生有益。

此戒大乘同學。菩薩六度以檀施爲首。利濟衆生。雖許畜者。亦須如法說淨。

引證 緇門警訓云。地持論言。菩薩先於一切所畜資具。爲非淨故。以淸淨心。捨與十方諸佛菩薩。如比丘將現前衣物。捨與和尚阿闍黎等。涅槃經云。雖聽受畜。要須淨施篤信檀越是也。今時講學專務利名。不恥五邪。多畜八穢。但隨浮俗。豈念聖言。自下壇場。經多夏臘。至於淨法。一未霑身。盋知日用所資。無非穢物。箱囊所積。並是犯財。慢法欺心。自貽伊戚。學律者。知而故犯。餘宗者。固不足言。誰知報逐心成。豈信果由因結。現前袈裟離體。當來鐵葉纏身。爲人。則生處貧窮。衣裳垢穢。爲畜。則墮於不淨。毛羽腥臊。況大小兩乘。通名淨法。儻懷深信。豈憚奉行。

第二離衣異宿戒

若比丘衣。已竟。迦絺那衣已出。三衣中離一一衣。異處宿。除僧羯磨。尼薩耆波逸提。

（緣起）此戒有二制。佛在舍衛國。給孤獨園。時六羣比丘持衣付囑親友比丘。往人間遊行。受付囑比丘得此衣數數在日中曬。諸比丘見已問知白佛。此乃初結戒也。後時一乾痟病比丘有糞掃僧伽黎患重。因逢緣事遠行不堪隨持。敞白世尊。除僧羯磨。乃第二結戒也。此是遮罪。由不善護身離衣故。及慢教煩惱。制斯學處。

(釋義)文分三節。衣已竟下。明其創制三衣中下。顯所違犯。除僧下。明其隨開。律云衣已竟。迦絺那衣已出。如上。三衣者。一安陀會。此云下著衣二鬱多羅僧。此云上著衣三僧伽黎。此云重複衣又云大衣然此三衣西國總名支伐羅以色稱之並名袈裟所以作此三名者欲顯未曾有法以異外道故爲少欲知足故以三衣不多不少足得資身行道大寒亦可以禦之故制三衣衣有十種。如上離者謂衣不一一隨身也衣者。謂守持三衣中隨離一衣也異處宿者。謂異界而宿不失衣者。

僧伽藍裏有一界。樹有一界。謂樹與人等足陰覆跏趺坐場有一界。謂於中治五穀處車有一界。謂若車迴轉處船有一界。謂船迴轉處村有一界。村有四種如上舍有一界。堂有一界。堂舍謂多敞露庫有一界。庫謂儲積諸物倉有一界。倉謂儲積五穀失衣者。則僧伽藍裏有若干界。乃至倉有若干界。而此僧伽藍界。非彼僧伽藍界。乃至非彼倉界。又此僧伽藍界。非彼樹界。乃至非彼倉界。又此樹界。非彼僧伽藍界。乃至非彼倉界。又此場界。非彼僧伽藍界。乃至非彼倉界。諸界互非作句亦爾在僧伽藍邊。以中

人若用石若瓶擲所及處。是名爲界。乃至倉界亦如是。而人言中者以顯氣力不太大其所擲之瓶石亦去不太遠也

結罪　是中犯者。若比丘置衣在僧伽藍內在樹下宿。至明相未出若不捨衣若不手捉衣。若不至擲石所及處。明相出隨所離衣捨墮。　除三衣。若離餘衣。突吉羅。若明相未出可以得入界至衣處者須以手捉衣若衣界寬恐明相未出衣行不到衣處者但至擲石所及處立即名不離衣已到衣界故若不能捉衣又不能至擲石所及處立須趂明相未出時且速速作心念法捨所離之衣甯于壞威儀之突吉羅作對首懺悔逃其離衣之捨墮免勞衆中羯磨

若比丘留衣樹下往場處乃至往倉處僧伽藍處宿亦如是。若阿蘭若處無界八樹中間一樹間七弓遮摩梨國作弓法長中人四肘（弓肘之數明於卷末）若比丘留衣著此八樹間異處宿明相未出若不捨衣若不手捉衣若不至擲石所及處明相出捨墮。除三衣若離餘衣突吉羅（餘衣即臥具等）此捨墮衣應捨與僧若眾多人若一人不得別眾捨若捨不成捨突吉羅

若僧中捨衣竟不還者突吉羅。若還時有人言

莫還者。突吉羅。　若轉作淨施。若遣與人。若持作三衣。若作波利迦羅衣。若故壞。若燒。若作非衣。若數數著壞者。盡突吉羅。　此戒捨懺還衣等法。於作持中詳明。　此戒具六緣方成本罪。一心不敬教。二所離是受持三衣。三時非開聽。四非羯磨聽許。五不作心念法捨。六已經明相未至衣所。

（兼制）比丘尼捨墮。同制同學式叉摩那。沙彌。沙彌尼突吉羅。是爲犯。

（隨開）不犯者。僧與作羯磨。明相未出手捉衣。若捨衣。若至擲石所及處。若劫奪失燒漂壞如是等想。
若水道斷路。險難若賊惡獸。渠水漲。强力者所執。
若繫縛。或梵行難。若不捨衣。不手捉衣。不至擲石
所及處。及最初未制戒等。是爲不犯。
(會採)善見律云。羯磨者。隨病未瘥得離宿。若僧爲
羯磨已離衣往餘方。病瘥欲還。道路險難不得還
恆作還意。雖病瘥不失衣。若決作不還意失衣。
過十日犯長衣罪。若往餘方病瘥還至衣所。病
復發更欲往餘方。承先羯磨不須更羯磨。

律攝云。有三種離衣。一舉處離。謂在障難處而舉其衣不得重觀。或因失落。二失念離。於安衣處更不重憶。三受用離。謂暫安衣。即遇緣隔不得受用。雖復離衣。若明相未出還得者無犯。

根本雜事云。若暫向餘處即擬還者。任不將去。復有暫出擬還。至彼日暮即侵夜歸。彼蟲賊害。當於彼宿不應夜行。所守持衣應心念捨。可於同梵行邊借餘三衣。守持充事。

薩婆多論云。若重縫三衣。設有因緣擿分持行。名不離衣。

第三分云。汝諸比丘隨所住處。常俱三衣持鉢乞食。譬如鳥之兩翼恆與身俱。汝等捨本族姓以信出家應當如是。所到之處法衣隨身不應離宿。

此戒大乘同制。梵網經云。而菩薩行頭陀時。及遊方時行來百里千里。此十八種物常隨其身。故知衣鉢鳥翼兩乘同也。

附考緇門警訓引事鈔云。諸部並制隨身。今時但護離宿。不應教矣。又會正記云。今時希有護宿。

何況常隨。多有畢生身無法服。是則末世護宿猶爲勝矣。但內無淨信。慢法輕衣。眞出家兒願遵聖制。　業疏云。所以衣鉢常隨身者。由出家人虛懷爲本無有住著。有益便停。故制隨身。若任留者。更增餘習。於彼道分曾無思擇。故有由也。唐無著禪師遊五臺因往金剛窟隨喜遇文殊化爲老翁引入般若寺。寺地盡是瑠璃。堂舍皆輝金色。翁居白牙牀。指金墩令著坐之對談。著欲求寓一宿。翁曰持三衣不。答曰受戒已來持之。翁曰此是封執處。

著曰亦有聖教在。若許住宿心念捨之或有強緣。佛故聽許。翁曰無難不得捨衣。宜從急護。噫今人不以離衣宿爲咎者。覩此可自思之。

第三衣過一月戒

若比丘衣已竟。迦絺那衣已出。若比丘得非時衣欲須便受。受已疾疾成衣。若足者善。若不足者。得畜一月爲滿足故。若過畜。尼薩耆波逸提。

（緣起）佛在舍衛國。有比丘僧伽梨弊壞。十日中更不能辦。恐犯畜長衣戒。彼同伴者爲白世尊。因聽畜長衣乃至滿足故。時六羣比丘聞開聽畜長衣乃至滿足。彼有糞掃衣及餘種衣。同者不足。取中糞掃衣浣染四角頭點作淨。持寄親友比丘已。人間遊行。受寄者以其行久不還。便出曬之。諸比丘問知。白佛結戒。此由廢修正業。制斯學處。

釋義　文分三節。衣已竟下。明其創制。得非時衣下。明其隨開。若過畜下。結成所犯。律云。衣已竟。迦絺那衣已出。如上。時者。無迦絺那衣自恣後一月。若有迦絺那衣自恣後五月。非時者。若過此限。此謂後安居人無功德衣者從七月十六日至八月十五日於此一月畜長等五事開聽前安居人有功德衣者從七月十六日至臘月十五日於此五月五利許開若過其一月五月皆非畜長之時凡所得衣名曰非時衣也

衣有十種。如上欲須便受者。欲須謂希樂得衣便受謂合畜也

受已疾疾成衣者。謂既得衣財於三衣中隨所闕壞者當速造成如法受持

若足者善。謂同樣衣財財量已滿足堪成一衣而不缺少

若不足者。聽畜一月。謂同樣衣財或欠少不能作一衣是以開聽如僧祇律云阿那律得一小段衣與諸比丘河邊灑水引令長廣佛至河邊知而故問彼答云為衣財不足是以灑水引令長廣佛言汝頗有更得衣望處不答云有佛問何時可得答言一月佛言從今聽不足衣有望處者停一月為滿足故

結罪是中犯者。若十日同衣足者應裁割。若線拼。若縫作衣。若作淨施。若遺與人。若不裁割。若不線拼。若不作衣。不淨施。不遺與人。十一日明相出。隨衣多少捨墮。

若同衣不足。至十一日同衣足。卽十一日應裁割縫作衣。若線拼。若不裁割縫作衣。若不線拼。若不淨施。不遺與人。至十二日明相出。隨衣多少盡捨墮。乃至二十九日同衣足亦如是。

若同衣不足。三十日若足若不足。若同衣若不同衣。應卽日裁割縫作衣乃至遣與人。若不裁割乃至若不遣與人至三十一日明相出捨墮。此捨墮衣應捨與僧。若衆多人若一人。不應別衆捨。若捨不成捨。突吉羅。

若僧中捨衣竟不還。還時若有人教莫還。若不還轉作淨施。若遣與人。若持作三衣若作波利迦羅衣。若故壞若燒。若作非衣。若數數著壞者。盡突吉羅。

此戒捨懺還衣等法。於作持中詳明。此戒具四緣方成本罪。一心存貪慢。二衣財滿足。三時非開聽。四不縫受持及不淨施而過期。

（兼制）比邱尼捨墮。同制式叉摩那。沙彌。沙彌尼突同學

吉羅。是爲犯。

（隨開）不犯者。若十日內同衣足。若裁割。若線拼。若縫作衣。若同衣不足至十一日足應裁割等。乃至二十九日亦如是至三十日若足不足若同不同。即日應裁割等。若奪衣失衣燒衣漂衣而取著。若他與著。若作被。若受寄衣比邱命終或遠行。若有難緣。若不裁割等。及最初未制戒等。是爲不犯。

（會採）十誦律云。若比丘得不足衣停。更望多衣故。即得衣日不得所望。亦不斷望。非望而許。復勤求所望。是望亦斷。非望更得。是衣十日應作衣。若足者善。不足者畱。乃至三十日亦復如是。

善見律云。若二十九日得所望衣細。先衣麤。先衣說淨。新得衣復得一月。爲望同故。若望得衣麤。復得停一月。如是展轉隨意所樂。爲欲同故。莫過一月。

此戒大乘爲利益衆生故。不禁畜持。若自爲己畜。

不惠施他者。亦犯慳貪多積之咎。

第四從尼取衣戒

若比丘從非親里比丘尼取衣。除貿易。尼薩耆波逸提。

（緣起）此戒有三制。佛在王舍城。耆闍崛山中。有一比丘著弊故補衲僧伽黎。蓮華色比丘尼見已發慈愍心。即脫身所著貴價僧伽黎與之。易彼弊故僧伽黎自著。異時往禮世尊。世尊知而故問汝所著衣何以弊故。彼以因緣白佛。佛言不應如是。聽汝畜持五衣完堅者。餘衣隨意淨施若與人。何以故。婦人著上衣服猶尚不好。何況弊衣。乃集衆僧初爲結戒也。於後諸比丘皆畏慎。不敢從親里比丘尼取衣。佛言若非親里。亦不能籌量知其可取不可取。若好惡新舊。若是親里。籌量知其有無可取不可取。好惡舊新故。聽從親里尼取衣。是第二結戒也。又祇桓中。二部僧得施衣。其分時比丘錯得尼衣。尼錯得比丘衣。尼持衣至僧伽藍中相易。比丘更白世尊。故聽貿易。乃第三結戒也。此是遮罪。由貪著心。制斯學處。

釋義 文分二節。從非親里下。明其所犯。除貿易。明其隨開。律云非親里者。非父母親里乃至七世非親也。親里者。父母親里乃至七世有親。里者五家為鄰。五鄰為里。又云里者止也。五十家共居止也。父有六親。謂伯叔兄弟子孫。母有六親。謂姊姨兄弟兒孫。七世者。謂高曾祖父子孫玄孫也。衣有十種如上。貿易者。以衣貿衣以衣易非衣。或以非衣貿衣。或以鍼或鍼筒刀線小段物。乃至一丸藥等貿衣。

結罪 是中犯者。除貿易。若比丘取非親里比丘尼衣。捨墮。

此戒捨懺還衣等法。於作持中明。若捨衣竟不還等。得罪如上。　此戒具五緣方成本罪。一有貪好慢致心。二是非親里比丘尼。三作非親里比丘尼想。四物非貿易。五衣財應量。

兼制比丘尼突吉羅。同制不同學式叉摩那。沙彌。沙彌尼突吉羅。是爲犯。

隨開不犯者。從親里尼邊取衣。若貿易。爲僧爲佛圖者。及最初未制戒等。是爲不犯。

(會採)僧祇律云。若比丘從非親里比丘尼取衣許貿易。自不與。不教他人與。不自語尼言。後爾許時當與汝衣。不教人如是語尼。若還尼先衣是不應與。應與餘衣。　截本衣還。是不名貿。謂將尼衣割截已仍復還之。得彼全衣已。與減少衣。是不名與。應與全足衣。取彼衣已與鉢。若小鉢。若鍵鎡。若以飲食及餘物與。是不名貿。應與衣也。　若比丘取非親里比丘尼衣已。不與直。不教與。不自語。不教人語。捨去離見聞處波夜提罪。　若取衣已不與直乃至不教人語。若坐。若臥。若入定。皆波夜提罪。　若非親里比丘尼與知識沙彌衣。作是言沙彌我與汝是衣汝持是衣。與某甲比丘可得福德。比丘取者無罪。　如是與知識沙彌尼。式叉尼。優婆塞。優婆夷言。我與汝此衣。汝持此衣施與尊者某甲比丘。可得功德。比丘取者無罪。

五分律云。從非親里式叉摩那。沙彌尼取衣。突吉羅。　若親里犯戒邪見。從取衣突吉羅。

根本律云。非親里親里想。非親里非親里疑。皆捨墮。　親里非親里想親里非親里疑。得惡作罪。
若尼將衣施僧或爲說法。或爲受具時施。或見被賊故施。或尼多獲利養持衣物到苾芻所。置地求受。棄之而去。取亦無犯。
薩婆多論云。取應量衣捨墮。　不應量衣物等。突吉羅。
此戒大乘不論親里非親里。但觀可取不可取。然在末世愼護法門。尤宜避其嫌疑。

第五使尼浣衣戒

若比丘令非親里比丘尼浣故衣。若染。若打。尼薩耆波逸提。

（緣起）此戒有二制。佛在舍衛國。時尊者迦留陀夷。與偷蘭難陀比丘尼露形而坐。彼此欲心相視。尊者尋失不淨污安陀會。尼請浣之。得此衣已。卽於屏處以爪抓取不淨著口中及小便道中。後遂有娠。諸尼詰知其故。白諸比丘。轉白世尊訶責黑光。此初結戒也。於是諸比丘各各畏慎。不敢令親里尼浣染打故衣。佛慈開聽。更增非親里之言。是第二結戒也。由除婬染煩惱。制斯學處。乃初篇婬根本種類。

釋義　律云非親里如上。故衣者。乃至一經身著。五分律云經體有垢膩名故衣　衣有十種如上。善見律云得使出家女乃至孫女浣不得使出家婦兒婦浣非親故　浣染打者　律攝云浣者下至以水一浸即名為浣染者乃至一入染汁打者下至將手一打一拍

結罪　是中犯者。若比丘令非親里比丘尼浣故衣。若染。若打。三捨墮。　彼浣染不打。二捨墮。一突吉羅。　彼浣不染而打。二捨墮。一突吉羅。　彼不浣

而染打。二捨墮。一突吉羅。　彼不浣染打。三突吉羅。（衣但一捨卽淨墮罪隨有三二須悔）　若使非親里尼浣染打。新衣。突吉羅。

此戒捨懺還衣等法。於作持中明。若捨衣竟不還等。得罪如上。　此戒具四緣方成本罪。一是非親里尼。二有欲染心。三是已故衣。四浣染打竟。

〈兼制〉比丘尼突吉羅。（同制同學）不　式叉摩那。沙彌。沙彌尼突吉羅。是爲犯。

〈隨開〉不犯者。與親里尼故衣浣染打。若病浣染打。

若爲僧爲佛圖浣染打。若借他衣浣染打。及最初未制戒等是爲不犯。

〔會採〕五分律云。若令非親里浣染打。而親里浣染打。若令非親里浣染打。而親里非親里共浣染打。若令親里非親里共浣染打。而親里浣染打。若令親里非親里共浣染打。而非親里浣染打。若令親里非親里共浣染打。而親里非親里共浣染打。皆犯捨墮。若衣未可浣染打。非令而親里浣染打。突吉羅。若令親里浣染打。而非親里浣染打不犯。

根本律云。若非親族尼作非親族想。令浣染打犯捨墮。　若非親族尼疑。亦捨墮。　若是親族尼作非親族想。若是親族尼而起疑心。皆得惡作罪。

僧祇律云。若為和尚阿闍黎持衣使尼浣。越毘尼罪。

十誦律云。先自小浣。更令浣染打。皆突吉羅。

薩婆多論云。此戒應量不應量衣一切犯。

摩得勒伽云。使非親里尼浣尼師壇捨墮。浣褥枕等突吉羅。

律攝云。若是老病無力。或苾芻尼恭敬尊重情樂爲浣。及是門徒。悉皆無犯。

此戒大乘同學。內護僧制。外息世譏。

〔附考〕律攝云。若衣須洗者。或時自洗。或遣門徒。勿不用心令衣有損。凡洗浣衣有五種利。除臭穢氣。蟣虱不生。身無瘙癢。能受染色。堪久受用。不洗衣者翻成五失。　著染色衣亦有五利。順聖形儀故。令離傲慢故。不受塵垢故。不生蟣虱故。觸時柔輭易將護故。過分浣衣有五種失。能令疾破故。不堪苦用故。受用勞心故。無益煩惱故。障諸善品故。著好染色衣亦有五失。自長驕恣。生他嫉心故。令他知是冶容好色故。能令求時多勞苦故。能障善品事故。過染損衣用不牢故。過打亦有五失同此。又難陀苾芻過打衣故。佛言受用衣者。不應打不極打。若於施主得極打衣。（謂細心搥打必致光亮）有好光色揉壞而用。或置露中摩使光失。或可以水灑浸而用。故知遮其過打。（過打卽極打）不遮其打。

第六非親乞衣戒

若比丘從非親里居士。若居士婦乞衣。除餘時。尼薩耆波逸提。餘時者。若比丘奪衣。失衣。燒衣。漂衣。是謂餘時。

緣起此戒有六制。佛在舍衛國。城中有長者晨朝詣園遊觀已。迴車詣祇桓精舍見跋難陀釋子禮敬聽法。跋難陀說法開化。勸令歡喜。長者問云欲何所須願見告語。報言無所須。長者固問。若有所須莫有疑難。報言止止。即使我有所須不能見與。

長者復請，乃言汝所著者可與我。長者身著貴價
廣長白氎衣。長者報言，明日來至我家中，我當相
與。跋難陀言，我先語汝，正使所須汝俱不能與我。
今果如是。長者云非爲不與，但明日來若與此衣，
或更好者。若卽脫此衣與汝，我不能無衣入城。難
陀固求不止。長者不悅，脫衣與之，乘車著一衣入
城。守門者疑被賊劫，長者具說其由。居士譏嫌，謂
檀越雖施無厭，而受者應知足。佛知故制不得從
居士索衣。此初結戒也。於是諸比丘畏愼，不敢從

親里居士索衣。世尊復聽從乞。是第二結戒也。後有衆多比丘在拘薩羅國安居竟。持衣鉢往世尊所。晝日熱不可行。夜行遂失正道。爲賊所劫。露形立祇桓門外。諸比丘疑爲尼犍子。報優波離問知其故。卽借衣著見佛。佛慰問已。具白因緣。佛乃制裸形而行者。突吉羅。若爾時當以軟草若樹葉覆形。應往寺邊。若先有長衣應取著。若無者。諸知友比丘有長衣應取著。若知友無衣。應問僧中有何等衣可分。若有者當與。若無者。應問有臥具不。若有者當與若不與應自開庫看若有礙若地敷若氈若被應擿解取裁作衣以自覆形出外乞衣時諸比丘不敢持此處物往彼處佛言聽時諸比丘奪衣失衣燒衣漂衣畏慎不敢著僧衣佛言聽著彼得衣已僧衣不還本處佛言不應爾若得衣已應浣染縫治安本處若不爾如法治時有比丘奪衣失衣燒衣漂衣皆畏慎不敢從非親里居士居士婦乞衣佛言聽乞故有除餘時等緣是故此戒初則創制遂復隨開共有六翻結戒也由生煩惱

令他不樂長自貪求。因譏嫌事。制斯學處。

【釋義】文分二節。從非親里下。明其所犯。除餘時下。明其緣開。律云。親里非親里如上。居士如上。乞者。謂從彼乞求而得　前第四戒制不從出家人乞　出家人中唯取尼結戒此戒制不從在家人乞其在家人中無論男女凡是非親里者悉皆不聽　衣有十種如上。除餘時者。謂在難緣聽允從乞　奪衣者。僧祇律云若王奪若賊奪若女人起欲心奪若父母親里欲令罷道故奪　失衣者。謂自失落或自藏衣後忘憶處所或歲久朽壞不可被著　燒衣者。謂被火焚燒　漂衣者。謂被水漂也

【結罪】是中犯者。比丘捨墮。

此戒捨懺還衣等法，於作持中明。若捨衣竟不還等，得罪如上。此戒具五緣方成本罪：一貪好慢敎，二無難乞求，三主非親里，四價色量如已所囑，五衣已入手。

兼制：比丘尼捨墮，同制。式叉摩那、沙彌、沙彌尼突吉羅，是爲犯。同學。

隨開：不犯者：奪衣、失衣、燒衣、漂衣，得從非親里居士、若居士婦乞，若從親里乞，若從同出家人乞，同言出家者揀非異道出家。或爲他乞，他爲已乞，不求而得，及最初未制戒等。是爲不犯。

〔會採〕僧祇律云。若比丘從非親里乞衣。若身往乞。若遣人往乞。若作寒熱相乞。云何寒相。若比丘冬分夜雨雪時。而云夜者西域時分不以日言但以夜論其時分也著弊故衣詣檀越家現寒顫相。爾時檀越禮足。問言阿闍黎無有時衣耶。何以寒凍。報言無有。汝父母在時恆爲我作時衣。今汝父母去世。誰當爲我作者。非但汝父母死。亦是我父母無常。檀越卽言莫怨恨。我當爲作時衣。是名寒相乞。若得衣者捨墮。　云何熱相。若比丘五六月大熱時。著厚納衣流汗詣檀越家現熱相。亦如上言。若得衣者捨墮。　若說法乞。云何說法。是比丘爲衣故。與檀越說偈言。得生最勝處。若人以衣施。以樂布施者。人天受福報。生天得好色。天寶冠莊嚴。衣施比丘故。生生自然衣。是名說法乞。若得者捨墮。　若乞漉水囊。若小補衣物。若繫頭物。若裹瘡物。若衣襟。若衣中一條。皆不犯。　若爲和尚乞。爲阿闍黎乞。越毘尼罪。　若爲塲僧不犯。

十誦律云。犯有三種。謂價色量。價者。若比丘語居士與我好價衣。若得衣者捨墮。不得突吉羅。乃至直二百三百錢價衣。犯亦如是。此以西域大錢而言。如前盜戒中說。色者。若比丘語居士與我青色衣。若黃赤白黑衣。乃至劫貝等衣。犯亦如是。　量者。若比丘語居士與我四肘衣。五肘六肘乃至十八肘衣。犯亦如是。

如是色量衣。若索此得彼。皆突吉羅。

根本律云。乞時得惡作罪。所得衣物若價若色若量。與所乞相應者捨墮。不相應者無犯。

毘婆沙論云。二人共乞一衣。突吉羅。從親里貧乏之者索。突吉羅。與少更索多。突吉羅。若非親里先請與衣。言請者謂不往乞而彼自發心後貧乏從索。突吉羅。與少更索多。突吉羅。爲他索亦突吉羅。本律若爲他求不犯原出自心不受他囑　若準薩婆多皆突吉羅由見他貧乏不生慈愍欲他爲我而作方便所謂聖制從緣推因開遮

此戒大乘爲眾生故雖不同學。然須籌量施主堪與不堪與。可受不可受。善護他心。增長淨信可也。

（附考）僧祇律云。若比丘三由延內有衣者。若失僧

伽黎鬱多羅僧在不應乞。若失僧伽黎鬱多羅僧。安陀會在不應乞。若失三衣。若覆瘡衣在不應乞。若失三衣覆瘡衣。若雨浴衣在不應乞。若失三衣。覆瘡衣。雨浴衣。若覆臥褥具在不應乞。若失三衣乃至褥具。若任衣在。任衣謂堪造衣之餘財也長兩肘廣一肘不應乞。何以故。是比邱應著是下衣。從三由延受先衣。若道中有諸難事不得往趣衣者。得乞無罪。

毘尼止持會集卷第五終

音義

夜摩天 夜摩此翻善時亦名時分謂其時時唱快樂故以蓮花開合分其晝夜此天依空而居按論云人間二百年爲此天一晝夜則人間七萬二千年方爲此天一年若此天壽二千歲則當人間一十四億四百萬年矣

屏覆 屏者所以蔽也覆者蓋也

齋優婆私 齋者是其名也或是受八戒齋者優婆私或作優婆斯即優婆夷也奘師云鄔波斯迦唐言近事女謂親近承事佛法僧故若是在家女人受三皈五戒已則能親事佛法比邱尼衆也舊云優婆斯優婆夷皆譌也有云受八戒者名近住女謂近阿羅漢住也涅槃疏云一日一夜受八戒者名爲善宿女是人善心離破戒宿故

毘舍佉母 或作吠舍佉此譯爲別枝郎是氏宿以生日所值宿爲名也五分律云毘舍佉壻名鹿子鹿子敬毘舍佉猶敬母時人遂名爲毘舍佉鹿子母賢愚經云此是波斯匿王弟曇摩訶羡女也羡昔因罪逃奔得叉尸利國便於彼土安家納娶而生此女此女辯才智慧

後嫁舍衛國梨耆彌大臣第七兒為婦波斯匿王聞其智辯即拜為王妹後生三十二卵卵各出一兒顏貌端嚴勇健無雙一人之力能敵千夫時毘舍佉信心開解請佛及僧佛為說法合家得須陀洹道佛後為說法即得阿那含道於優婆夷中智慧辯才最為第一 **闚** 音恢傾頭門中邪視也

明相 梵語阿樓那善見律云阿留那漢言明相明了論云東方已赤通慧指歸云此方約日未出前二刻為曉此為明相也又以觀見掌文為限也十誦律名地了時謂見地色明了故也 復此閻浮提地北有大樹王名閻浮檀金若日照彼樹則有黑色若照彼樹葉則有青色若過樹照閻浮界則有白色於三色中白色為正也 **自貽伊戚** 謂憂戚皆自造而成非關他事猶云自作孽不可活之謂也 **六羣比丘** 或云六眾謂聚集成眾作諸非威儀事羣出隊入故也一難陀二跋難陀三迦留陀夷四闡陀五馬宿六滿宿此之六人無法不曉通達三藏內教精諳五明

百藝之術難陀跋難陀二人多貪亦云多瞋善解算數陰陽變運說法論議　迦留陀夷多多欲深通射道善解阿毘曇後得漏盡證阿羅漢果　闡陀多瞋亦云多癡亦通射道解阿毘曇後得漏盡成阿羅漢　馬宿滿宿多癡亦云多瞋善於音樂種種戲笑事事皆能亦巧說法論議亦解阿毘曇此六人俱是豪族共相影響契交爲友宣通佛教內爲法門之棟梁外作佛教之大護所謂大權示現也人各弟子九人共爲六十故號六羣比丘也

乾痟 謂渴病也又云乾枯痟病以其肌膚痟瘦故僧祇律云消盡病正法念經云有蟲名咬脂住在身中脂脈之內若食有過若多睡眠此蟲則瞋不消飲食或生疥瘙或乾痟等病

八樹中間 西域種樹之法相間七弓方植一樹八樹但有七間七七該四十九弓以中人四肘爲一弓一尺八寸爲一肘七尺二寸爲一弓七七四十九弓總該三十五丈二尺八寸若無界蘭若周圍四十九丈一尺二寸是爲界也根本部以中人二十四指

為一肘此當笏尺一尺五寸為一肘七弓之量準數可知肘者從臂節至指端

蓮華色比邱尼 根本律云得叉尸羅城有一長者娶妻未久便生一女身有三德如青嗢鉢羅華一者身黃金色猶如華鬘二者目紺青色猶如華葉三者香氣氛馥猶如華香因此立字名青蓮華婆沙論云容貌端正色作優鉢羅華色此人前世久遠劫時作婆羅門女父母家人入海採寶是女在後不能自活便與諸婬女共住一處賣色自供此女色貌不豐無人往來常自咎責何以獨爾時世有辟支佛一切敬仰有人語言汝能供養辟支佛者隨心所欲世世如願因辦美好飲食以優鉢羅華覆上奉辟支佛即發願言令我世世常得女人端正無雙為人所敬又願得如沙門所得功德令我得之是故今世作女顏貌第一以本願故今得漏盡佛所稱讚於比邱尼中有大神通力最為第一也

畜持五衣 比邱尼五衣者准根本律云一僧伽胝即僧伽黎二嗢怛羅僧伽即鬱多羅僧

三安怛婆娑卽安陀會四厭蘇洛迦卽僧祇支下裙也五僧腳踦卽覆肩衣名掩腋襯衣

會正記　乃唐允堪律師所著而緇門警訓常引其文然全本未見想已失矣

偷蘭難陀比邱尼　亦云偷羅難陀或云吐羅難陀按偷蘭是大亦名麤麤卽大義難陀此云歡喜是比邱尼解通三藏善閑說法六羣比邱尼中之最者是種種女分別功德經云是阿難妹也

爪扴　扴音甲謂以爪扴括取不淨也

娠　婦懷孕也

祇桓精舍　祇桓者卽祇陀之訛也此翻勝精舍者釋迦譜云息心所棲故曰精舍又云非麤暴者所居故云精舍藝文類云非由其舍精妙良由精練行者所居故云精舍按感通記云祇桓寺之基址有八十頃地一百二十院准約東西近有十里南北七百餘步祇陀須達二人共造涅槃經云須達取金隨集布地一日之中唯五百步金未周祇陀卽語須達餘未徧者不復須金請以見與我自爲佛造立門樓常使如來經由出入祇陀長者自

造門樓須達長者七日之中成立大房足三百口禪坊靜處六十三所冬室夏堂各各別異凡所應用無不備足法顯傳云出舍衛城南門千二百步道西長者須達起精舍處也

拘薩羅國 大論云憍薩羅國是佛生地如佛答頻婆娑羅王偈云有妙好國土在於雪山邊豐樂多異寶名曰憍薩羅日種釋諸子我在是中生心厭老病死出家求佛道諸經中說佛生迦毘羅國何以論云生於憍薩羅國然憍薩羅是都城尼揵此翻也以彼此相鄰同是中印土境

尼揵子 離繫是外道之都名也或云尼乾或云尼乾陀應云泥健連他而譯為不繫也其外道拔髮露形無所貯畜以手乞食隨得即噉者也

由延 亦云由旬亦云踰繕那天竺里數名也大論云由旬三別大者八十里中者六十里下者四十里根本羯磨註曰言踰繕那者既無正翻義當東夏一驛可三十餘里舊云由旬者訛也若準西域俗法四俱盧舍為一踰繕那計一俱盧舍可有八里四共三十二里

故今作一驛之程庶無遠滯　業疏云此無正治
翻乃是輪王巡狩一停之舍如此方館驛也
音野裝
飾也

毘尼止持會集卷第六

金陵寶華山弘律沙門讀體集

第七知足受衣戒

若比丘失衣。奪衣。燒衣。漂衣。若非親里居士居士婦自恣請多與衣。是比丘當知足受衣。若過者。尼薩耆波逸提。

【緣起】佛在舍衛國。時有衆多比丘遇賊失衣。來到祇桓精舍。有優婆塞聞知多持好衣隨諸比丘意取。比丘報言止止。便爲供養已。我等自有三衣不須也。六羣比丘語云。諸大德三衣足者。何不取與我等。若與餘人耶。諸比丘遂取與之。時諸少欲比丘白佛結戒。此是遮罪。由從索衣因生煩惱。令他不樂。長自貪求。因譏嫌事。制斯學處。

釋義文分三節。失衣等下。明其難緣。若非親里居士下。明其隨開。若過者下。結成所犯。律云非親里及衣有十種如上。若失一衣不應取。若失二衣。餘一衣或二重。三重四重應擿作一一衣。若三衣都失。彼比丘應知足受。知足有二種。一者在家人知足隨白衣所與衣受之。根本律云俗人上衣長十一肘濶三肘下衣長七肘濶二肘不得過數乞此約在家人所用衣財隨其長短持施比邱不應更多求索古用周尺一尺八寸爲一肘二者。出家人知足三衣也。根本律云苾芻上衣若是新衣兩重作僧伽胝竪三肘橫五肘即僧伽黎也若泥婆珊又名厥蘇洛迦竪二肘橫五肘即下裙也餘二衣量如上所明此約出家人造衣財量不得更多求索若居士自恣請多與衣。謂檀越多持衣施請諸比邱隨意而取非是夏滿自恣也若衣細若薄若不牢。應取作若二重三重四重。當安緣。當肩上貼障垢膩處。應安鉤紐。若有餘殘語居士言。此餘殘衣裁作何等。若檀越言我不以失衣故與。我自與大德

耳。謂不以失衣來化而與此是我自發心供養所餘衣財何須語我但任大德隨便別用

結罪是中犯者。若比丘過知足受衣。捨墮。

此戒捨懺還衣等法。於作持中明。若捨竟不還等。得罪如上。此戒具三緣方成本罪。一是自恣請。二見境起貪。三不知足受。

兼制比丘尼捨墮同制同學式叉摩那。沙彌。沙彌尼突吉羅。是爲犯。

隨開不犯者。若知足取。若減知足取。若居士多與衣若細薄不牢。若二三四重作衣。安縁貼障垢膩

處。安鉤紐。若有餘殘語居士言此作何等。及最初未制戒等。是爲不犯。

〔會採〕根本律云。若苾芻從他乞俗人上下衣時。依量而得。若更乞時得惡作罪。得便捨墮。　若乞苾芻上下衣時。事亦同此。

律攝云。若乞俗人上下衣。縱少不足。不應更乞。若更乞者得罪。謂乞時惡作罪得衣捨墮罪　若有盈長不須還主。若乞苾芻上下衣不足者。應須更乞。若長應還。若不還者得捨墮罪。有云苾芻上衣者。謂三衣也。

下者謂裙也。

善見律云若比邱尼失五衣得受二衣若失四衣得受一衣若失三衣不得受若親友若檀越自恣請若自己物隨意受。

此戒大乘爲衆生故一切所施隨請應受然避譏生信不可無也。

〔引證〕律攝云若三衣肩上垢膩汚者於著肩處應以物替。代也長一肘半廣一張手。一張手即佛一磔手也此則長有二尺七寸廣一尺六寸四邊縫著。汚即拆洗。三千威儀令帖四角。
今時作三衣者，皆取一小方片，帖於肩上，障垢膩處之外，謂云須彌山，復於兩畔更加兩小片，謂云日月，四角帖者，謂云四天王，如斯之謬，出何律典。

第八貪好乞求戒

若比丘，居士居士婦為比丘辦衣價，買如是衣與某甲比丘，是比丘，先不受自恣請，到居士家如是說，善哉居士，為我買如是如是衣與我，為好故，若得衣者，尼薩耆波逸提。

〈緣起〉此戒有二制。佛在舍衛國有一比丘入城乞食。聞居士夫婦共議辦價買衣與跋難陀還以報之。跋難陀問知其家。明日即往語云。若欲與我衣者。當如是廣大作。新好堅緻中我受持居士譏嫌。諸比丘聞知白佛。此初結戒也。是後居士自恣請比丘。問言大德須何等衣。時比丘意疑不敢答復。有居士欲為比丘作貴價衣。是比丘少欲知足不須大價衣。欲須不如者。亦意疑不敢隨意索。佛言若居士恣比丘所索應答。自今聽諸比丘少欲知足索不如者。故加先不受自恣之語。是第二結戒也。由强索好衣。因相觸惱。制斯學處。乃初篇妄根本種類。

〔釋義〕文分三節。居士下。明私議辦衣。是比丘下。明自往爲好。若得衣下。結成所犯。律云居士居士婦如上。此是夫婦篤信同心共議以植福也衣價者。若金銀七寶等。衣價而言辦者辦謂備辦預爲貯畜之衣有十種如上。求者有二種。一求價檀越與作大價衣。乃至增一錢。十六分之一分。西域一錢此方準十六小錢今云一分者即一小錢也二求衣語。居士言作如是廣長衣。乃至增一線。善哉居士者。此是讚勸之詞欲令彼所施者愈更加其精妙如是如是衣者。謂廣大新好堅緻之衣也堅謂堅固緻謂緻密厚實爲好故者。此顯貪求無厭正是作業之因心

〔結罪〕是中犯者。若比丘先不受自恣請而往求貴價廣大衣。若得者捨墮。不得突吉羅。

此戒捨懺還衣等法。於作持中明。若捨竟不還等。得罪如上。　此戒具三緣方成本罪。一有貪好心。二自往求索。三所求已得。

〔兼制〕比丘尼捨墮。同制同學式叉摩那。沙彌。沙彌尼突

吉羅。是爲犯。

〔隨開〕不犯者。先受自恣請而往求索。若知足減少求。若從親里求。從出家人求。或爲他求。或爲他己求。或不求自得。及最初未制戒等。是爲不犯。

〔會採〕僧祇律云。爲好者。好有三種。一知足好。若與細衣時便言我須麤者。是名知足好。得者捨墮。二不知足好。若與麤衣時便云若與我麤衣者不中觸。我是貴人應與我好衣。是名不知足好。得者捨墮。三麤知足好。若與細衣時便言我不用是好衣。我是阿練若。如鹿在林中住空地。若與麤者、足障寒熱風雨。是名麤知足。好。若得捨墮。本律知足須不如者聽其隨索僧祇與細索麤亦犯然聽者在檀越先自恣請時索其衣尚未造其犯者在檀越衣已成時更索麤故恐施主俛仰情不得已雖復與之施心不喜兩律開遮一令息貪制內而殄惡一令息譏護外而增信不無深意也

五分律云。從親里索好者。惡作罪。

薩婆多論云。若遣使書信印信。突吉羅。若親里豐財多貨。從索無過。若貧者突吉羅。若先請檀越。豐有財物。勸令好作無過。若貧乏者突吉羅。

律攝云未近圓時已興方便。近圓之後方始獲財。
若過價色量求時惡作。入手捨墮。　若從天等乞。
或乞縷纊及小帛片等無犯。

此戒大乘同制。卽是惡求多求。不慈愍衆生。

第九貪好共索戒

若比丘二居士居士婦與比丘辦衣價。持如是衣價
買如是衣與某甲比丘。是比丘先不受居士自恣請。
到二居士家作如是言。善哉辦如是如是衣價與我
共作一衣爲好故。若得衣者。尼薩耆波逸提。

〈釋義〉此戒緣起。亦由前人。其中所犯輕重。及捨懺還衣。與夫不犯等。悉皆同前。但於二居士家勸令合作一衣。使得精好爲異。

第十索衣過六反戒

若比丘若王。若大臣。若婆羅門。若居士若居士婦。遣使爲比丘送衣價。持如是衣價與某甲比丘。彼使人至比丘所。語比丘言。大德今爲汝故送是衣價受取。是比丘應語彼使如是言。我不應受此衣價。我若須衣。合時清淨當受。彼使語比丘言。大德有執事人不。

須衣比丘應語言有。若僧伽藍民。若優婆塞。此是比丘執事人。常爲諸比丘執事。時彼使往至執事人所與衣價已。還比丘所如是言。大德所示某甲執事人我已與衣價。大德知時往彼當得衣。須衣比丘當往執事人所。若二反三反爲作憶念應語言我須衣。若二反三反爲作憶念。若得衣者善。若不得衣。四反五反六反在前默然立。若四反五反六反在前默然住。得衣者善。若不得衣過是求得衣者。尼薩耆波逸提。若不得衣。從所得衣價處若自往。若遣使往語言。汝先遣使持衣價與某甲比丘。是比丘竟不得衣。汝還取莫使失。此是時。

緣起佛在舍衞國。給孤獨園。城中有一大臣與跋難陀親友。遣使送衣價與之。跋難陀卽將使入城。持衣價與親舊長者掌之。異時大臣問使人云。我前遣持衣價與跋難陀作衣。爲我著不。報言不著。大臣便使索還衣價。跋難陀聞已。卽疾疾至彼長者家索衣。時城中諸長者集會。先有制。不至者罰錢五百。我今暫往赴之。大德小待。勿令我輸錢。跋難陀言不得爾先持衣價與我作衣長者爲作衣竟會坐已罷輸錢五百時彼長者及諸居士盡共譏嫌佛知爲僧結戒此是遮罪由取不淨財不護他意致生惱亂制斯學處

釋義文分六節若王若大臣乃至今爲汝送衣價受取等明檀越遣使以送信施是比丘應語彼使如是言乃至常爲諸比丘執事等明比丘持戒不受錢寶彼使至執事人所乃至往彼當得衣等明付囑還報知時須衣須衣比丘當往執事人所乃

至四反五反六反在前默然住。得衣者善。等。明依
制索衣護他淨信。若不得衣過是求等。明違制過
索犯本戒體。若不得衣從所得衣價處。乃至此是
時等。明不失信施告主知取。律云王大臣如上。婆
羅門者。有生婆羅門。生者謂是梵天苗裔乃五天竺國之貴姓餘國所無是故五印土皆號日天方也
居士者。除國王大臣在家貴人是遣使爲比丘送
衣價者。謂遣男女及黃門等爲使衣價謂持金銀七寶貝齒等以爲衣直持如是
衣價。與某甲比丘者。乃檀越示其使者自樂敬供之人與卽施也我不
應受此衣價者。律攝云苾芻法不受畜金銀寶等及穀粟米豆村園奴婢牛羊車乘

此金銀寶等僧伽應受若田地園圃亦合眾畜我應與寺家淨人及餘俗人計分徵課以供僧伽

若須衣。合時清淨當受者。合時謂合比丘須用衣時或佛開許比丘聽畜之時 清淨謂不違世尊禁制及無諸障難若堪可受時我當納取以成衣守持也若僧伽藍民。若優婆塞。此是比丘執事人。常為比丘執事者。謂伽藍民即寺家淨人緣從波斯匿王所施不應王差常為僧伽執作眾務給事比丘者 優婆塞此云近事男謂皈依三寶受持五禁堪能親近承事眾僧願為比丘執事人者彼使往至執事人所者。謂彼使往至如比丘所示人處以衣價付之囑令合時當買清淨衣與彼比丘著持也 大德知時往彼當得衣者。謂彼使付衣價已還比丘所報言大德自知須用衣時往彼某甲執事人所當得如法淨衣也須衣比丘當往執事人所者。謂此比丘欲須衣時當徐徐至彼所付衣價人所若二反三反爲作憶念。應語言我須衣者。謂二三往返出言令彼執事人自憶念憶念者約於某月日方爲作衣也彼執事人若在家。若在市。買賣之所曰市若在作處。謂作眾務等處語言我今須衣。與我作衣。是爲作憶念。釋文之巧略其初反但云二三若二反三反爲作憶念。若得衣者善者。謂稱自求心令他悅辦不假餘索也若不得衣四反五反六反在前默然立者。彼執事人若在家。若在市。若在作處至彼前默然而住。若彼執事人問言。汝何在此立。比丘報言汝自知之。若執事人言我不知。若有餘人知。知者。當語言彼人知之。所言餘人知者。凡比丘若以物委寄他人。或同行者借衣著用時。必語一人知之。於後索取有證。免致鬬諍。是佛慈訓。

若比丘作一語。破二反默然。作二語。破四反默然。作三語。破六反默然。三反憶念之後。復聽六反默然索衣。若作一反語索。則準二反默然。乃至三反語索。則準六反默然。更不得再默索衣。言破者。謂壞世尊六默之正制也。

結罪　是中犯者。若比丘過三反語索。過六反默然立得衣者。捨墮。

此戒捨懺還衣等法。於作持中明。若捨衣竟不還等。得罪如上。　此戒具四緣方成本罪。一心存貪取。二不護他心。三違制過索。四衣已入手。

（兼制）比丘尼捨墮。同制　式叉摩那。沙彌。沙彌尼突吉羅。是爲犯。同學

（隨開）不犯者。三反語索得衣。六反默然立得衣。若不得衣。從所得衣價處。若自往。若遣使往。語言。汝先遣使與某甲比丘衣。是比丘竟不得。可還取。莫使失。若言我不須。即相布施。是比丘應以時輒語方便索衣。若爲作波利迦羅故與。謂彼人故意作碎雜衲衣而與之。方便索得者。及最初未制戒等。是爲不犯。

〔會採〕僧祇律云。三反往索。六反默住時。或緩期。或急期。云何緩急。若比丘至檀越所索衣時語言。長壽與我衣直。西域凡諸比丘稱呼檀越皆云長壽答言尊者更一月來。比丘滿一月往索。若檀越復言更一月來。比丘仍滿一月復往索。若復言更一月來。比丘又滿一月復往索。過三月已不得復索。 若言半月來。過三半月不得復索。 若言十日。若言五日。四日。三日。二日。一日乃至須臾。此謂急期也 若過三半月乃至三須臾。不得復索。 六反往默時檀越言我知尊者往意更一月來滿一月復往默然住如是滿六月往默然已不得復往若言半月若言十日乃至須臾若滿六半月乃至六須臾已不得復往默然齊幾名默然住時如人入庫取物著店上頭又如裹襆物頃即應去若比丘方便現行相持衣鉢錫杖水瓶過寄物人前若彼人問言尊者欲那去答言欲去先送物主邊語令自知此物莫使失受寄者言久已辦物不須復往即時與物比丘取者捨墮若不作方便道由彼前彼人如上問比

邱如上答與物取者無罪。　若受寄者言任意去。設能破我如破多羅樹亦不與汝一錢。（此樹斷即死顯死也不與）比邱爾時應到物主邊。語令自知此物莫使失。若是物主言。我先施比邱隨方便更索。比邱爾時得如前三反語索。六反默然住。

十誦律云。若六反默立不得衣。是比邱語衣主已。有餘因緣到執事人處。若問何故來。答言我有餘事故來。若言持是衣去。答言我已語衣主。汝自往共分了。若言但持衣去。我自解語衣主。爾時受衣持去無犯。
善見律云。若不口語索。得十二默然求。若一語索破二默然。二語索破四默然。乃至六語索破十二默然。　若使者付執事人衣直已。不報比丘。比丘不得就執事人求索衣。若得衣。突吉羅。
根本律云。若苾芻遣使報已。彼執事人來作是語。聖者可受此衣價。苾芻應報言。此衣價我已捨訖。汝當還彼送衣來處。如是報者善。若取衣者捨墮。
若執事人言。聖者可受此衣價。彼之施主我共平章令其心喜。若如是者取衣無犯。

此戒大乘同學。以護譏嫌。增他淨信。

第十一乞綿作具戒

若比丘雜野蠶綿作。新臥具尼薩耆波逸提。

緣起佛在曠野國。時六羣比丘作新野蠶綿臥具。彼索未成綿。或索已成綿。或索已染。或索未染。或新或故者。至養蠶家語言。我等須綿。報言小待。須蠶熟時來。六羣比丘在邊住待。看彼曝繭。時蠶蛹作聲。居士譏嫌。諸比丘聞知白佛結戒。此是性罪。

由殺諸生命增長貪求。廢自善品損他正信。制斯學處。乃初篇殺根本種類。

〔釋義〕律云雜者。若劫貝。若拘遮羅。乳葉草。若芻摩。若麻。野蠶綿者。僧祇律云憍奢耶有二種一作新者生細絲也二者作紡絲也臥具者。根本律云新有二種一謂新造二謂新得此中取新造臥具者氈褥也此有二種一者貯褥二者衦成皆不聽用　薩婆多論云以綿作衣此有二種一擘綿布貯如作氈法二以綿作縷織以成衣作此二衣名作敷具敷具者非獨臥具乃衣之都名也

〔結罪〕是中犯者。若比丘自用雜野蠶綿作新臥具成者。捨墮。作而不成者。突吉羅。若語他人作

成者。捨墮。　作而不成。突吉羅。　若為他作成不成。盡突吉羅。

此應捨。是中捨者。若以斤斧細斬和泥若塗壁。若塗埵。　此戒具三緣方成本罪。一情存貪愛。二心無慈愍。三卧具已成。

〔兼制〕比丘尼突吉羅。同制不同學　式叉摩那。沙彌。沙彌尼突吉羅。是為犯。

〔隨開〕不犯者。若得已成。若以斧剉斬和泥塗壁埵。及最初未制戒等。是為不犯。

〔會採〕僧祇律云。若作三衣。若經。若緯。若中。若邊。若間紃。若緣。若襍。若補。作成捨墮。受用越毘尼罪。應僧中捨。僧不應還。亦不得餘用。正得敷地及作遮向簾帳幔。

五分律云。應捨與僧。不得捨與餘人。僧以敷地或敷牀座。除捨褥比丘。餘一切僧隨次坐臥。雖不使人作。他施而受。亦捨墮。

此戒本律制嚴而無僧中捨法。名曰自壞捨。自壞捨者。以斧斬壞臥具之時。貪愛業心隨斧下斷。令永不復興。故名自壞捨。僧祇雖許捨入僧中。聽眾畜用。然用中之別未顯。五分唯除捨得人。餘隨坐臥。則剪除貪愛。惜護檀施。事義了然。故今捨法宜準五分。南山云。犯過衣財如律所斷。或永棄捨。或永入僧。蓋斯之謂。於作持中明。

此戒大乘爲利攝眾生。故聽得畜。但不得自用。當護慈體。廣運悲心。

【引證】緇門警訓引央掘經云。繒綿皮物若展轉來離殺者手。施持戒人不應受者。是比丘法。若受者非悲不破戒。

涅槃經云。皮革履屣。憍奢耶衣。如是衣服悉皆不畜。是正經律。

楞嚴經云。若諸比丘不服東方絲綿絹帛。及此土靴履裘毳乳酪醍醐。如是比丘於世眞脫。酬還宿債。不遊三界。何以故。服其身分皆爲彼緣。

附考資持記云。已前律制但據蠶家。大教轉來不許受用。乃知聲聞行劣但取離非。菩薩慈深遠推來處。離殺者手。無非殺來。足踏坐具也身披三衣也皆霑業分。非大士可忍。豈比邱所宜。請考經文。少懷信仰。廣敘利害見章服儀。離殺手者。非蠶家故。不受者應法。大小俱順故受者非悲。違大順小。故小從大出。望制雖順。約義還違。故知持戒行慈方符聖旨。縱情受用全乖道儀。故章服儀云。且自非悲之語。終為永斷之言。據此為論。頗彰深切。次引涅槃。乃終窮囑累決了正教。明文制斷。何得遲疑。據僧傳中所敘。南嶽道休二師不衣綿帛。並服艾絮。故南山律師云。佛法東漸幾六百載。唯斯衡嶽慈行可歸。

第十二黑毛作具戒

若比丘以新純黑羺羊毛作新臥具者。尼薩耆波逸提。

〈緣起〉佛在毘舍離城。獼猴江側樓閣講堂。諸離車子多行邪婬。以純黑羊毛作氈被體夜行。使人不見時六羣比丘效而作之。諸離車語言。我等為婬欲故作。汝等作此何為耶。諸比丘聞已白佛。佛故為僧結戒。由愛上色復求細軟。廢業長貪遮無利益故制斯學處。

〈釋義〉律云純黑者。或生黑。或染黑。羺羊毛者。羺耨平聲羺羖乃胡羊之名其毛最輭極細如此方羔羊之絨毛也羖音倪　薩婆多論云此國黑羊毛貴故不聽黑羊毛作衣法亦有二種一以黑羊毛擇治布貯作細氈二作縷織成作衣此二種衣盡名敷具此羊毛得作三衣盡中受持

〈結罪〉是中犯者。若比丘自以純黑羺羊毛作新卧具。成者捨墮。作而不成者。突吉羅。若教他人作。成者捨墮。作而不成。突吉羅。若爲他作成不成。皆突吉羅。

此戒捨懺還卧具等法。作持中明。於僧中捨卧具竟。若不還。若教莫還。若作淨施。若遣與人。若數數敷壞者。盡突吉羅。　此戒具三緣方成本罪。一有貪慢心。二是純黑羺毛。三作具已成。

〔兼制〕比丘尼突吉羅。（同制不同學）式叉摩那。沙彌。沙彌尼突吉羅是爲犯。

〔隨開〕不犯者。若得已成者。若割截壞。若細薄揲作。兩重。若以作褥。若作枕。若作方小坐具。若作卧氈。或作襯鉢內氈。或作剃刀囊。或作帽。或作襪。及最初未制戒等。是爲不犯。

〔會採〕根本律云。苾芻擦理羊毛時。若於一片。若於小團。若大聚。或披。或擘。或以弓彈而作敷具。作時惡作罪。竟時得捨墮。

薩婆多論云。若以駝毛。羖羊毛。牛毛。若芻麻衣。劫貝衣。褐衣。欽婆羅衣。合作者皆突吉羅。作衣下至四肘捨墮。

十誦律云。若爲塲作。爲僧作。不犯。

此戒大乘同學。義如野蠶臥具。

第十三減分作具戒

若比丘作新卧具應用二分純黑羊毛三分白四分牻若比丘不用二分黑三分白四分牻作新卧具者尼薩耆波逸提

〔緣起〕佛在舍衛國祇園精舍時六羣比丘以純白羊毛作新卧具諸居士皆譏嫌謂沙門釋子似王若大臣（西域國風唯王及大臣長者著上好貴價細白氎衣以表尊貴餘無敢著）諸比丘聞知白佛結戒亦同前由愛上色等制斯學處

〔釋義〕文分二節作新卧具下明其正制若比丘不

用下結成違犯律云白者或生白或染令白牻色者頭上毛耳毛脚毛若餘牻色毛牻音茫雜毛也律攝云頭足腹毛由頭足腹是行動處毛麤惡故若作四十鉢羅卧具者二十鉢羅純黑十鉢羅白十鉢羅牻十誦律云一鉢羅四兩立世毘曇論云一波羅一兩或稱之大小故譯不同今準十誦則四十鉢羅重十斤應用五斤黑二斤半白二斤半牻若作三十鉢羅二十鉢羅卧具者準此斤兩以黑色兩分白牻各一分此據黑者難得白者次難牻者易求故又黑白是細軟貴物長自恣情牻者體麤原非貴價不增已欲也

〔結罪〕是中犯者若不以二分黑三分白四分牻自

作新卧具成者。捨墮。作不成突吉羅。若使他人作成。捨墮。作不成突吉羅。若爲他人作成不成。皆突吉羅。

此戒捨懺還卧具等法。於作持中明。若捨竟不還等得罪如上。此戒具三緣方成本罪。一有愛好心。二一分兩違教。三作具已成。

〔兼制〕比丘尼突吉羅。同制同學不式叉摩那。沙彌。沙彌尼突吉羅。是爲犯。

〔隨開〕不犯者。若依制作。若白不足以牻足之。若作純牻者。若得已成者。若割截。若作壞色。若作枕氈褥。及最初未制戒等。是爲不犯。

〈會採〉僧祇律云。多用黑毛而作等想。等用作減想而更益。若自作。若使人作。成者捨墮。受用越毘尼罪。多用白毛而作等想。等用作減想而更益。得罪。少用下毛。即牻毛也。而作等想。得罪亦爾。

十誦律云。用黑者乃至多一兩捨墮。用白者乃至多一兩突吉羅。用牻者乃至減一兩捨墮。

律攝云。或黑者易得。餘色難求。斤數減增並成無

犯。此約地土所產觀境隨開

此戒大乘同學。外息世譏。內護僧制故。

第十四減年作具戒

若比丘作新臥具持至六年。若減六年。不捨故更作新者。除僧羯磨。尼薩耆波逸提。

〈緣起〉此戒有二制。佛在舍衛國。時六羣比丘嫌臥具或重或輕。或薄或厚。不捨故更作新者。彼如是常營求臥具藏積眾多。知足比丘白佛。此初結戒也。後時一比丘得乾痟病。爲小因緣欲遊人間。彼思世尊結戒。卧具持至六年。若減六年。不捨故更作新卧具。犯戒。我有糞掃卧具重不堪持行。當云何。諸比丘白佛。佛聽僧與彼白二羯磨作新卧具。故加除僧羯磨之語。此第二結戒也。為遮不樂用故。愛新好者制斯學處。

〔釋義〕文分三節。作新卧具持至六年。此明創制。若減六年。不捨故更作新者。結成所犯。除僧羯磨。此明隨開。減六年者。僧祇律云不滿六夏也　根本律云雖情不樂應持滿六年

〔結罪〕是中犯者。若比丘減六年不捨故。更作新卧

具成者。捨墮。　作而不成。突吉羅。　若使他人作。成者捨墮。　作而不成。突吉羅。　若爲他人作成不成。皆突吉羅。

此戒捨懺還卧具。及與羯磨作具等法。於作持中明。若捨卧具竟不還等。得罪如上。　此戒具足四緣方成本罪。一有貪畜心。二持不滿年。三非羯磨聽許。四作已成。

〔兼制〕比丘尼突吉羅。同制不同學。　式叉摩那。沙彌。沙彌尼突吉羅。是爲犯。

隨開不犯者。僧聽及滿六年。減六年捨故有新者若復無更自作。謂無故者或失或壞等緣若他作與若得已成者。及最初未制戒等。是爲不犯。

會探僧祇律云。故氈現前。若捨更作犯。氈卽臥具故氈現前。不捨作亦犯。故氈不現前。若捨作亦犯。故氈不現前。不捨作新成。皆捨墮。受用越毘尼罪。

根本律云。若苾芻於此年中作新敷具。卽於此歲更復造餘。造第二時得惡作罪。成犯捨墮。初造者無犯。　雖非同年，於第二歲更作餘褥，如是三四，乃至五年更造新者，得罪同前。　若於此年中造新敷具未了，更復造餘，若俱了時，云我持前捨棄於後，或可持後捨棄於前，後犯捨墮，先造無犯。若初作未了，於第二年乃至三四五年，若俱了時，捨持前後，得罪亦如是。

善見律云，除僧羯磨者，若病未差，得隨意作，若病差已更發，不須更羯磨，得用先羯磨。

僧祇律云，是老病比丘，僧羯磨已，應當自疏記失受持故氈年月日數。病差已還受持此故氈。從前滿六年。若是比丘病差不還補六年。捨墮。

此戒大乘同學。愛惜信施。降伏貪愛故。

附考根本律云。佛在曠野林住處。即曠野國是時嚴風勁急苾芻患寒。知事諸人所有敷具皆六年持由制戒故。不敢造新。由忍寒故。所有營作悉皆停息。佛知已告阿難言。凡諸知事營作苾芻。畜其敷具雖未滿六年。不免寒者。彼苾芻應從僧伽乞六年內更作敷具。聽僧伽與彼白二羯磨。若其僧伽體知彼人是可信者。卽與其法。或令持舊敷具來至僧中。若太長者。卽應截卻。若太短者。以毛添之。太寬太狹。准事撩理。若有破處。應將毛補。若皆破碎不堪修補者。僧應與法。作白羯磨。

第十五不貼作具戒

若比丘作新坐具。當取故者縱廣一磔手貼著新者上。壞色故。若作新坐具。不取故者縱廣一磔手貼著新者上。用壞色故。尼薩耆波逸提。

〈緣起〉佛在舍衛國。給孤獨園。時世尊遣人請食。諸佛常法諸比丘受請後徧行諸房。見故坐具處處狼籍。無人取攝。乃令諸比丘作新坐具。取故者縱廣一磔手貼著新者上以壞色故。六羣比丘不依佛教。世尊種種呵責已。與僧結戒。為欲遮其輕賤心故。制斯學處。

根本律云。世尊有因緣不赴請處。遣人請食。一為宴默而居。二為諸天說法。三為觀察病者。四為看諸卧具。五為苾芻制戒。

僧祇律云。世尊以五事利益故。五日一按行僧房。

一者聲聞弟子不著有爲事不。二者不著世俗言論不。三者不著睡眠妨行道不。四者觀病比丘不。五者爲年少出家比丘見如來威儀庠序起歡喜心。

〔釋義〕文分二節。若作新坐具當取故者下。明其正制。若作新坐具不取故者下。結成所犯。律云作新坐具時。若故坐具未壞未有穿孔。當取浣染治牽挽令舒。裁割取縱廣一磔手貼新者上。若貼邊若中央壞色故。根本律云爲壞色者欲令受用時得其堅牢故　坐具者謂坐時或卧時

敷以坐卧亦云隨坐衣爲護身護衣護卧具故
聽畜之梵語謂之尼師壇亦云尼師但那也

〔結罪〕是中犯者。不取故者貼新者上用壞色故。而更作新坐具。成者捨墮。作而不成。突吉羅。若令他作成。捨墮。作不成突吉羅。若爲他作成不成。皆突吉羅。

此戒捨懺還坐具等法。於作持中明。若捨竟不還等。得罪如上。此戒具三緣方成本罪。一恣縱貪愛。二違制不貼。三作新已成。

〔兼制〕比丘尼突吉羅。同制不同學。式叉摩那。沙彌沙彌尼突吉羅。是爲犯。

〔隨開〕不犯者。裁取故者貼新者上壞色故。若彼自無得更作新者。若他爲作。若得已成者。若純故者作。及最初未制戒等。是爲不犯。

〔會採〕根本律云。若以故者徧覆新者。若總破碎不堪補貼新者。無犯。　時諸苾芻不將坐具向餘處宿。謂犯離衣。佛言我制苾芻不應輒離三衣而宿。非謂坐具。然諸苾芻不應故心而不持去。忘念者無犯。　苾芻不應無坐具輒出外行。違者越毘尼罪。

十誦律云。不應受單尼師壇。單作則不堪久用以減施福故不應

離尼師壇宿。

勒伽論云。若離宿不須捨。但作突吉羅悔過。

律攝云。尼師但那應兩重作。疊爲三分應截斷作

葉。與三衣葉同。

此戒大乘同學。

引證善見律云。故者下至一經坐是名故也。四邊

隨取一邊。或方或圓取貼新者上。若不能貼。細擗

雜新者上亦得。

戒因緣經云。取故者緣四邊。以亂其色。

薩婆多論云。取故敷具最長者。廣中取一磔手長裂。隨廣狹分作緣周帀緣之。

五分律云。取故者貼新坐具四角。

【附考】詳稽諸部作尼師壇。令以故者緣於四邊貼於四角。葢為壞色去好故。堅牢久用故。為護身衣卧具故。為止貪重惜信施故。今時作具。皆取雜色新財緣貼四邊四角者。愈增貪好之心。過費信施之物。況復妄謂四角而爲四天王耶。

南海寄歸內法傳云。禮拜敷具。五天所不見行。然律制所須者。但擬眠卧之時護他氈席。若用他物新故並須安替。代也 如其己物。故則不須。勿令汚染虧損信施。非爲禮拜。南海諸僧人持一布。長三五尺。疊若食巾。禮拜用替膝頭。行時搭在肩上。西國苾芻來見。咸皆莞爾而笑也。文 準寄歸所論。疑是五竺一邊僧。昔時先入華夏。訛規遺效。久習成風。倘入叢林。不免隨衆。要知展具禮拜。非律正制。若作敬重法衣想。庶宥違教之愆。原夫禮拜意在自卑以表至敬。理無敷具盛體而自重也。然更有無慚之輩揀好紬綾配色衒美。而令侍者展敷撩衣。以禮大聖。若此乃慢上惑愚。其罪何以逃之。

第十六遠持羊毛戒

若比丘道路行得羊毛。若無人持得自持乃至三由旬。若無人持自持過三由旬。尼薩耆波逸提。

〔緣起〕佛在舍衛國。給孤獨園時跋難陀道路行多得羊毛。貫杖頭上擔行。諸居士見皆共嫌責。言沙門釋子。云何販賣羊毛。諸比丘聞已白佛。結戒。因譏嫌故。制斯學處。

【釋義】文分二節。在道路行得羊毛下。明其正制。若無人持自持過三由旬下。結成所犯。律云。若在道路行。若在住處。得羊毛須者應取。或他施得或糞掃得若無人持。謂無淨人及餘白衣得自持乃至三由旬。大約百里之途若有人持應語彼人言。我有此物。當助我持。乃至彼比丘於中間不得助持。謂既有淨人爲持比丘自不得於中路復助彼持而輕僧體

〔結罪〕是中犯者。若比丘自持過三由旬。捨墮。令餘人持。若於中間助持。突吉羅。若令比丘尼持過三由旬。突吉羅。若令式叉摩那。沙彌。沙彌尼持過三由旬。突吉羅。除羊毛。若持一切草葉麻等過三由旬。突吉羅。若復擔餘物著杖頭行者。突吉羅。

此戒捨懺還羊毛等法。於作持中明。若捨竟不還等。得罪如上。　此戒具三緣方成本罪。一是羊毛。二自持過制。三心有貪著。

〔兼制〕比丘尼突吉羅。同制。不同學。式叉摩那。沙彌。沙彌尼突吉羅。是爲犯。

〔隨開〕不犯者。若持至三由旬。若減三由旬。若有人與持中間更不助擔。若使比丘尼及下三衆擔三由旬。若擔毳裝。獸毛褥細者。毳繩。若擔頭項腳毛。若作帽。若作裹革屣。及最初未制戒等。是爲不犯。

〔會採〕僧祇律云。若比丘持羊毛著道行。至一由延有所忘還取。取已還至本處。卽滿三由延。不得復過。過過者捨墮。若一由延半忘物得還。還已不得復去。去者捨墮。　若直行齊三由延。過一脚越毘尼罪。過兩脚捨墮。　若二人各有擔。齊三由延已。轉易各復得三由延。三人九由延。四人十二由延。若如是衆多人隨人爲限。唯不得更重擔。五分律云。得使淨人擔。若無人乃聽自持。不得擔擔。頭戴。背負。犯者突吉羅。

此戒大乘同學。

第十七使尼染羊毛戒

若比丘使非親里比丘尼。浣染擘羊毛者。尼薩耆波逸提。

【緣起】此戒有二制。佛在釋翅搜迦維羅衞。尼拘律園時六羣比丘作新卧具。使大愛道比丘尼浣染擘羊毛。染色汚手。往禮世、尊。世尊見已問知其故。訶責六羣。此初爲僧結戒也。是後諸比丘各自有疑。不敢使親里尼浣染擘羊毛。佛更開之。故有第二結戒也。由自貪愛。廢他正修。制斯學處。乃初篇婬根本種類。

【釋義】律云非親里如上。浣者。下至一入水。染者。乃

至一入染汁。擘者。下至以手擘一片。擘音伯擣也分擘也謂分析揀理

〔結罪〕是中犯者。若使非親里尼浣染擘羊毛。各一捨墮。　若彼浣染而不擘。二捨墮。一突吉羅。　若浣不染而擘。二捨墮。一突吉羅。　若不浣而染擘。二捨墮。一突吉羅。　若彼不浣染擘。三突吉羅。

使非親里沙彌尼式叉摩那浣染擘突吉羅。

此戒捨懺還羊毛等法。於作持中明。若捨竟不還等。得罪如上。　此戒具三緣方成本罪。一是羊毛。

二是非親里尼。三如語作竟。

【兼制】比丘尼突吉羅。同制不同學式叉摩那。沙彌。沙彌尼突吉羅。是爲犯。

【隨開】不犯者。使親里比丘尼浣染擘。若爲病人浣染擘。若爲衆僧。爲佛爲塔浣染擘。及最初未制戒等。是爲不犯。

【會採】根本律云。若於尼作非親想。或復生疑。令作三事撩理羊毛。並得惡作。

此戒大乘同學。

附考薩婆多論云。與諸比丘結戒者。爲增上法故。若諸尼衆執作浣染廢息正業。則無威德破增上法。又爲止惡法次第因緣。又爲二部衆各有淨法。

第十八受金銀戒

若比丘自手捉錢若金銀。若敎人捉。若置地受者。尼薩耆波逸提。

緣起佛在羅閱城。靈鷲山中。時城中有一大臣與跋難陀親舊知識。彼於異時大得猪肉。卽敕其婦留分與之。時城中節會日作衆伎樂竟夜不眠。時大臣兒亦在其中。竟夜不眠饑乏。問母有殘肉不。母言肉盡。唯有跋難陀分在。兒即取五錢與母言。持此錢更市肉與之。此肉與我。晨朝跋難陀著持衣鉢詣大臣家就座而坐。時大臣婦語其故。跋難陀言若爲我故。可與我錢不須肉。彼即置錢於地與。時跋難陀持錢寄市肆而去。王臣居士皆共譏嫌。言沙門釋子不捨金銀錢寶時有珠髻大臣而具威勢善能解釋。令諸人眾殄息譏嫌歡喜信解。即往禮佛以此因緣啟白。佛告大臣。如汝所說於正法中多有所益。無有違失。何以故。沙門釋子捨離珍寶不著飾好。若應捉金銀錢寶則應受五欲。若受五欲非沙門釋子法。若見沙門釋子以我為師而捉金銀錢寶。則決定知非沙門釋子。當知日月有四患。不明。不淨。不能有所照。亦無威神。云何為四。阿修羅。煙雲。塵霧。是日月大患。沙門婆羅門亦有四患。不明。不淨。不能有所照。亦無威神。云何為四。不捨飲酒。不捨婬欲。不捨手捉持金銀。不捨邪命自活。諸比丘聞其中有少欲知足者。嫌責跋難陀已白佛結戒。此是遮罪。爲止誹謗故。爲滅鬪諍故。爲成聖種故。制斯學處。乃初篇盜根本種類。

釋義 律云錢者。上有文象。其錢外間象天內方象地以國王之號居中以象天地生人也金銀者。薩婆多論云重寶金銀牟尼眞珍珊瑚硨磲瑪瑙此諸寶等若作若不作若相若不相作者以寶作諸器物不作者但是寶不作器物相者作器寶或作字相或作印相不相者不作器寶不作字相不作印相教人捉者。教人爲己捉置地受者。不從他手授而得他置地時受取雖非自捉亦非教人捉他置地而受皆由貪畜心故是以俱制

結罪 是中犯者。若比丘自手捉金銀若錢。若教人捉者。若置地受。皆捨墮。

此應捨。是中捨者。若彼有信樂守園人。或優婆塞。當語言此是我所不應。汝當知之。此是對俗捨寶法對彼俗人如是捨已其墮罪對一淨比丘說悔於作持中明若彼人取還與比丘者。比丘當爲彼人物故受。敕淨人使掌之。若得淨衣鉢尼師壇鍼筒。應持貿易受持之。此作他物想毫無自畜心縱得衣物名曰爲淨仍須持向同梵行者是何物應換何物受持而令淨之更淨者蓋爲蕩盡貪愛之念不存金銀之想也若彼優婆塞取已。與比丘淨衣鉢尼師壇鍼筒。應取持之。此是俗還寶法由彼淨人知法取已見比丘所闕衣具卽爲造送比丘得之不必貿易此乃合時淸淨卽便受持若彼取已不還者。令餘比邱語言。佛有敎爲淨故與汝應還彼比邱物。此是俗不還寶法言佛有敎者謂是佛制而令比邱方便淨寶之法非實與汝爾若餘比邱不語者。當自往語言。佛有敎爲淨故與汝。汝今可與僧。與墖。與和尙與同和尙。與阿闍黎與同阿闍黎。與諸同學親舊知識。若還本主。何以故。不欲使失彼信施故。若不語彼人知是看是者。突吉羅。知是看是即說淨法

此戒具三緣方成本罪。一有貪慢心。二是金銀錢寶。三非淨語受持。

（兼制）比邱尼捨墮。同制同學式叉摩那。沙彌。沙彌尼突

吉羅。是爲犯。

隨開　不犯者。若語言知是見是。若彼有信樂守園人。乃至不欲令失彼信施。即上捨中全文及最初未制戒等。是爲不犯。

第三分云。有比丘在塚間得錢自持來。佛言不應取彼比丘須銅。佛言打破壞相。然後得自持去。

會採　僧祇律云。病人得使淨人畜。莫貪著。　若犯捨墮物。僧中捨已。不得還彼比丘。僧亦不應分。若多者應著無盡物中。無盡物即四方招提物也所生息利。得作房舍中衣。（卽僧房卧具帳幔）不得食用。　比丘凡得錢及安居訖衣直。不應自取。當使淨人知。若無淨人。指腳邊地語言是中知。著地已。自用草葉磚瓦等遙擲覆上。待淨人來令知。　隨國土中所用若銅錢。鐵錢。胡膠錢。皮錢。竹籌。悉不應捉。　或有國土所用相不成就。或相成就國土不用。捉者皆越毘尼罪。　國所不用相不成就。作銅鐵捉無罪。

五分律云。僧應白二羯磨。差一比丘作棄金銀及錢人。彼比丘應棄此物著坑中。火中。流水中。曠野中。不應誌處。若捉著餘處不得更捉。彼比丘不應問僧此物當云何。僧亦不應教作是作是。若不棄不問。而使淨人貿僧衣食與僧。僧得受。若分者。唯犯罪人不得受分。　不犯者。雖施比丘比丘不知。淨人受之爲買淨物。　有諸比丘欲遠行從長者索道糧。彼即使人賫金銀錢物送之。既至所在。所長甚多。使還白主。主言我已爲施不應還取。汝可持至僧房施僧。佛言聽淨人爲僧受之。以易僧所須物。諸比丘不應知事。

十誦律云。自手取寶。若少應棄。若多設得同心淨人。應語言。我以不淨故不應取。汝應取。淨人取已語比丘言。此物與比丘。比丘言此是不淨物。若淨當受。若不得同心淨人。應作四方僧卧具。應入僧中言。諸大德我自手取寶。得波逸提罪。我今發露。不敢覆藏悔過。僧應問汝捨是寶不。答言已捨。僧應問汝見罪不。答言見罪。僧應語言。後莫復作。若言未捨。僧應約敕令捨。若不約敕。一切僧得突吉羅罪。若約敕而不捨。是比丘突吉羅。

根本律云。若為修營房舍等事。應求草木車乘人工。不應求金銀錢等。若捉方國共所用錢。犯捨墮。若捉非方國所用錢。得惡作罪。若捉赤銅。鍮石。銅。鐵。鉛。錫者。不犯。若有他施衣價。欲須便受。受已卽作彼人物心而持畜之。應委寄淨人使持。不應自捉。若無淨人持物。對一苾芻作如是語。具壽存念。我某甲得此不淨物。我當持此不淨之物換取淨財。如是三說。隨情受用。勿致疑心。若復僧寺有賊驚怖。所有墖僧金銀錢寶。應牢藏舉方可移去。若無深信淨人居士。應使求寂。求寂亦無。比邱自手穿坑藏舉。如我爲難所開事者。難去之後則不應行。

律攝云。若他物自他物。得墮無捨。（自他物謂共他人者）若夏坐時安居。施主持衣價與苾芻衆。即作委寄此施主心而受取之。諸苾芻應求敬信人。若寺家淨人。若鄔波索迦。爲淨施主。（此乃請金寶穀米淨施主法於作持中明）苾芻若得金寶等物時。作施主物想。執捉無犯。擬相去遠得不淨物。遙作施主物。心持之。乃至施主命存已來。並皆無犯。　若無施主可得者。應持金銀等物對一苾芻言。具壽存念。我苾芻某甲得此不淨財。當持此不淨財換取淨財。如是三說。應自持舉。或令餘人舉之。按懷素師所集四分僧羯磨中亦采取此法今在東震末世誠爲易行方便是故作持之中遵奉此也　若苾芻於行路中得金銀等爲道糧故。應自持去。或令淨人等及求寂持去。應知求寂於金銀等但制自畜。不遮執作。

此戒大乘爲衆生故聽受。然須淨人掌舉。設無淨人者。必也心無染著。存施兩田自捉可爾。若貪心自畜不行利濟。即是多欲不知足。名染污犯。

〔引證〕緇門警訓引鈔云。一田宅園林。二種植生種。三貯畜穀帛。四畜養人僕。五養繫禽獸。六錢寶貴物。七氈褥釜鑊。八象金飾牀及諸重物。此之八名。經論及律盛列通數。顯過不應。又律經言若有畜者。非我弟子。五分亦云。必定不信我之法律。由此八種皆長貪壞道。污染梵行。有得穢果。故名不淨也。乃至云律中在事。小機意狹。故多開畜。涅槃經云。若諸弟子無人供須。時世饑饉。飲食難得。爲欲護持建立正法。我聽弟子受畜金銀車乘田宅穀米貿易所須。雖聽受畜如是等物。要須淨施篤信檀越。會正記云。上明大乘機教俱急。下明小乘機教俱緩。律在事者。違事故輕。則顯經宗於理。違理故重。小機意狹。不堪故開。反上大乘堪任故重。世人反謂小乘須戒。大敎通方。幾許誤哉。

附考善見律云。受施用有四種法。一者盜用。若比丘無戒。依僧次受施飲食。是名盜用。二者負債用。若比丘受人飲食衣服房舍牀席卧具。若有聰明智慧信心出家者。至受食時口口作念。乃至受用臥具亦應作念。若鈍根者。未食時作一念。受用衣時應朝先作一念。若不爲障寒障熱障慚恥而用衣。若不爲饑渴病疾而受飲食湯藥。是名負債用。若受飲食衣服不先作念。突吉羅。三者。親友用。謂七學人受用施物。如子受父物無異。是名親友用。四者。主用。謂眞人羅漢受用施物。於四種受用中。盜用最惡。

復有四種受用。一者有慚愧用。謂無慚愧人親近有慚愧人受用無罪。二者。無慚愧用。謂有慚愧人。親近無慚愧人。是名無慚愧受用得罪。有慚愧人無親近無慚愧人。後必隨其作惡。故名無慚愧人。無慚愧人親近有慚愧人。必當改惡修善。是名有慚愧人。三者。有法用。謂有慚愧人依法而得。四者。無法用。謂無慚愧人不依法得。如得此物。如得毒藥無異。

僧祇律云。有一比丘將一沙彌歸看親里。路經曠野中。有非人化作龍形右遶沙彌散華。讚言善哉。

大得善利捨家出家。比丘到親里家。問訊已欲還。
時親里婦言。汝今還去道過多乏。可持是錢市易
所須。沙彌受取繫著衣頭。中道非人復化作龍左
遶沙彌以土坌上說如是言。汝失善利。出家修道
而捉錢行。沙彌便啼。比丘顧問其故。答言我不憶
有過。無故得惱。師言汝有所捉耶。答言持是錢來。
師令棄已。非人復來如前供養。比丘以是因緣白
佛。佛言從今不聽沙彌持金銀錢。若比丘使沙彌
最初捉金銀錢者。越毘尼罪。若見沙彌先已捉。後

使捉者無罪。

毘尼止持會集卷第六 終

音義

舍衛城 或云舍婆提此翻聞物謂寶物多出此城又翻豐德天台云舍衛城又名舍婆提者昔有二仙弟名舍婆此云幼小兒名阿跋提此云不可害合此二人以名城也善見律云舍衛者是道士名也昔有道士居住此地往古有王見此地好就道士乞爲立國以道士名號爲舍衛又名多有謂諸國珍寶及雜異物歸聚此國故名多有西域記云室羅伐悉底國舊云舍衛國譌也中印土境周六千餘里宮城周二十餘里穀稼豐氣序和風俗淳質篤學好福是勝軍大王所治國都也

跋難陀 此翻賢喜或云優波難陀或云鄔波難陀此此翻近喜於六羣中最爲貪者

緻 音智

近圓 即受具足戒也圓謂涅槃若能受持二百五十淨戒爲因不毀則近於涅槃果

襆物頃 上音僕帊也帛三幅曰帊頃乃俄頃謂似以帊裹物之少頃也

蠶蛹 蠶絲蟲也三俯三起二十七日而老黃帝元妃西陵氏始養蠶爲絲下音勇繭蟲也蠶化爲蛹蛹化爲蛾

拘遮羅 未見翻譯恐即具薛摩此云華

間紃 間去聲紃音巡紡縷也

南岳道休二師 南岳慧思禪師少以慈恕聞於閭里常夢梵僧勸出俗乃辭親入道及稟具常習坐禪得宿命通後悟法華三昧最上乘門於陳光大六年將四十僧徑趨南岳乃告曰吾寄此山止期十載必事遠遊師習慈忍奉菩薩三聚戒衣服率布寒則加之以艾　釋道休恒以頭陀爲業住雍州新豐福緣寺南麗山幽谷結草爲庵一坐七日乃出其定出山乞食施說禁戒誨人慈善如是積四十年貞觀三年夏內依期不出端拱而卒然休師出家已來常但三衣不服繒纊以傷生也所著布衣積有年稔

塵朽零破見者心寒南山宣律師云余曾參翻譯
親問西域諸僧皆以布氈而爲袈裟都無繒絹者
縱用以爲餘衣不得加受持也其龜茲於遁諸國
見今養蠶唯擬取綿亦不殺害故知休之慈救與
衡岳同風

離車子

善見律云往昔波羅奈國王夫人懷
姙月滿生一肉段無有手足恐王見
知必生惡賤卽取盛貯器中打金作薄以朱砂書
題云是波羅奈國王夫人所生蓋覆器頂以王印
印之使人送放江中棄江流已諸鬼神營護使無
風浪飄沒爾時有一道士依止牧牛人住於江邊
道士清朝往江邊澡面遥見此器近已而取又見
金薄朱字復見王印印之便開器看唯見一肉段
而作念云若是死肉久應爛臭必有異相取將歸
住安於好處過半月已而成兩片復經半月二片
各有五胞又卻後半月一片成男如黃金色一片
成女如白銀色道士見如是瑞相已心生愛重如
自生子以慈心力故兩手母指自然出乳一指飲
男一指飲女乳入子腹譬清水入摩尼珠內外明

徹道士號見名離車子此翻皮薄亦名同皮後時牧牛人來乞道士迎此二子供養年十六歲又見地平博處縱廣一百由旬起立舍宅以男立爲王女爲夫人於後女人生兒王子漸多復各開立舍宅造諸園池故號毘離城爲離車子所居而離車是其種姓正音應云栗呫婆此云仙施王種也

狠藉 狠乃獸名似犬銳頭白頰高前廣後其性多貪故曰貪狠蹂擢其草使之雜亂故曰狠藉

釋翅搜迦維羅衛尼拘律園 釋翅搜此云能也迦維羅衛此云赤澤總謂能仁住處赤澤城也鼻奈耶云釋翅搜者釋種也迦維羅衛亦云迦毘羅衛又翻赤澤又翻黃頭

尼拘律如大房戒釋此園在赤澤城南三四里是釋迦如來成等正覺已還國見父王爲說法處時淨飯王知佛不住王宮卽於此園造大寺院如祇陀林等無有異迎佛歸國於此而住佛卽於此度八王子及五百釋種出家入道八王子者除第九優婆離是也

珠髻大臣 或云寶髻

或云如意頂髮其義一也梵語摩尼此言如意珠摩尼是寶之總名此大臣是王舍城聚落主

日月四患 謂阿修羅煙雲塵霧四種也或爲五患以煙雲分爲二患如毘婆沙論云日月輪五翳所翳不明不照不廣不淨一雲如盛夏時有少雲起須臾增長徧覆虛空障日月輪俱令不現　二煙如林野中焚燒草木卒爾煙徧覆虛空障日月輪俱令不現　三塵如亢旱時大風旋擊囂塵卒起徧覆虛空障日月輪俱令不現　四霧如秋冬時山河霧起又聞外國雨初晴時日照川原地氣騰湧雰霏布散徧覆虛空障日月輪俱令不現　五阿修羅與天鬬時天用日月以爲旗幟由日月威天常勝彼時阿修羅常心忿日月欲摧滅之由諸有情業增上力盡其智術不能摧壞遂以手遮令暫隱沒亦名曷邏呼阿素洛曷邏呼是阿修羅名也

鍮石 銅似金也

鉛 青金也有銀處有之

七學人 謂四向及初二三果人三界煩惱未斷盡故名七學人

毘尼止持會集卷第七

金陵寶華山宏律沙門讀體集

第十九賣買寶物戒

若比丘種種賣買寶物者。尼薩耆波逸提。

緣起佛在王舍城。耆闍崛山時。跋難陀往市肆上。以錢易錢將去。諸居士見已皆譏嫌。有少欲比丘聞知白佛結戒。由貪慢煩惱。制斯學處。乃初篇盜根本種類。

釋義律云。種種賣買者。以成金未成金。成金成銀未成銀。根本律云成者謂金銀等器未成者謂金鋌及碎金銀及錢。錢有八種。金錢。銀錢。鐵錢。銅錢。白鑞錢。鉛錫錢。木錢。胡膠錢。

結罪是中犯者。若比丘種種賣買寶物。以成金易成金。乃至易錢。捨墮。

此應捨是中捨者。準上捉寶戒無異。三十尼薩耆波逸提唯有二十七種還法其第十一雜野蠶綿作臥具第十八自捉寶並此戒無還法於作持中明此戒具三緣方成本罪。一有貪慢心。二畜寶轉易。三轉易已成。

兼制比丘尼捨墮。同制同學式叉摩那。沙彌。沙彌尼突吉羅。是爲犯。

（隨開）不犯者。若語彼人言看是知是。乃至若還與本主。何以故。不欲令失信施故。與上戒文同故不全錄若以錢貿瓔珞具。若以瓔珞具易錢爲佛法僧。及最初未制戒等。是爲不犯。

此戒大乘同制。

（引證）律攝云。若爲三寶出納。若施主作無盡藏。設有馳求。並成非犯。然此等物出利之時。應一倍納質。求好保證明作契書。年終之日應告上座及授事人皆使同知。或復告彼信心鄔波索迦。
根本律云。時諸苾芻得無盡物置房庫中。時施主來問言。聖者何意毘訶羅（此云寺）仍不修補。報言為無錢物。主曰我豈不施無盡物耶。報言其無盡物我豈食之。安僧庫中今現在。主曰其無盡物不合如是。我之家中豈無安處。何不迴易求生利耶。時諸苾芻以此因緣白佛。佛言若信心居士等為佛法僧故施無盡物。此三寶物應迴轉求利。所得還於三寶而作供養。時諸苾芻即與彼原施主。索利之時多與諍競。便作是語。豈我己物生鬪諍耶。又共富貴者。而爲出息。索物之時恃官勢故。不肯相還。復共貧人而爲出息。索時無物。佛言。不應共施主富貴人貧人而交易。若與物時。應可分明兩倍納質。書其券契并立保證。記其年月。安上座名及授事人字。假令信心鄔波索迦受五學處。亦應兩倍而納其質。根本令兩倍納質律攝云一倍納質二律皆義淨師所譯事豈弗同恐後人傳寫之誤二倍想是一倍稱量當准律攝也

薩婆多毘婆沙云。此戒體正應言種種用寶。不得

言種種賣買。此戒直往成罪。不同販賣戒。販賣戒爲利故。買已還賣成罪。

第二十販賣戒

若比丘種種販賣。尼薩耆波逸提。

緣起佛在舍衞國。給孤獨園。時跋難陀在拘薩羅國道行。往一無住處村。謂此村無有僧伽藍至村中已。持生薑易食而去。時舍利弗亦遊行至此乞食。至賣飯家。彼即索價。報言居士勿作此言。我等所不應。時彼人言。向者跋難陀以生薑易食而去。云何不應。

又舍衛城中有一外道得一貴價衣持至僧伽藍貿易。跋難陀言明日來。彼善能治衣。即其夜浣故衣。擣治光澤如新。晨朝易之。外道得衣。還所止園中示諸外道。中有智慧者語言。汝爲彼所欺。汝是新衣廣大堅緻。此是故衣。但擣治光澤如新耳。此外道即持衣欲相還。跋難陀不允。外道譏嫌。諸比丘聞知白佛結戒。由非法貪。制斯學處。乃初篇盜根本種類。

釋義律云。種種販賣者。賤買貴賣曰販 以時易時。以時易非時。易七日。易盡形壽。易波利迦羅。以非時。易非時。易七日。盡形壽及時等。乃至以波利迦羅易時非時等。賣者。價直一錢。數數上下增言直三錢五錢。買亦如是。

結罪是中犯者。若比丘種種販賣得者捨墮。　不得突吉羅。

此戒捨懺還物等法。於作持中明。若捨竟不還等。得罪如上。　此戒具三緣方成本罪。一有貪利心。二是販賣。三販賣已成。

【兼制】比丘尼捨墮。（同制同學）式叉摩那。沙彌。沙彌尼突吉羅。是爲犯。

【隨開】不犯者。與五衆出家人貿易。自審定不相高下如市易法不與餘人貿易。（餘人謂外道及在家白衣等）若使淨人貿易。若悔者應還。若以酥易油。以油易酥。及最初未制戒等。是爲不犯。

【會採】僧祇律云。若自問價。若教人問價。若自上價若使人上價。若自下價若使人下價。作不淨語時越毘尼罪。得時捨墮。　若肆上物先有定價。比丘持直來買。置地時應語物主言此直知是物。若不語默持去。越毘尼罪。若彼物應直五十而索百錢。比丘言我以五十知是。如是求者。不名爲下。若知前人欲買物。不得抄買。買者。越毘尼罪。若見賣鉢時作是念。此鉢好至某方當得利。買時越毘尼罪。若作是念。我有是物無有淨人。此是淨物。得買去無罪。到某方或和尚阿闍黎所須。或自爲病。或作功德買去。本不爲利。臨時得貴價賣無罪。若比丘糴穀時作是念。此後當貴。糴時越毘尼罪。糶時捨墮。若恐某時穀貴。我今糴此穀當依是得誦經坐禪行道。到時穀大貴。若食長與和尚阿闍棃。若作功德。餘者糶得利無罪。　若營事比丘雇一切作人。賃車馬人船等。作不淨語者。皆越毘尼罪。　若比丘爲僧直月行市。買酥油糴米豆麥求一切物時。作不淨語越毘尼罪。若自爲買如是等一切。不作淨語捨墮。　若比丘市買時得呵嫌說實。前人物此好此惡。若麤若細。斗秤大小香臭等無罪。　有檀越爲比丘故。與店上錢語言。若某甲比丘日日來有所索。從意與。彼比丘後來索時。作淨不淨語無犯。

五分律云。若欲貿易。應使淨人語言。爲我以此物易彼物。又應心念盜使彼得我利。我不得彼利。若自貿易。應於五衆中。若與白衣貿易。突吉羅。

根本律云。若爲利買不爲利賣。買時惡作。賣時無犯。若不爲利買爲利賣。買時無犯。賣時捨墮。若向餘方買物而去。元不爲利。到彼賣時。雖得利無犯。

律攝云。若買賣時不依實說。或以僞濫斗稱欺誑於他。得妄語罪。獲物之時便犯盜罪。凡持財物欲買賣時。先須定意無求利心。隨處獲利悉皆無犯。設爲三衣。不應規利而作販賣。若現前衆物欲賣之時。上座應先爲作本價。不可因斯唱斷。應取末後價極高者。方可與之。若實不欲買妄增他價。得惡作罪　唱得衣時未還價直。便著者得惡作罪。

尼陀那云。苾芻不應爲俗人斷價。不應酬價高下。

若無俗人代酬。應可二三得自酬價。過此得惡作罪。

十誦律云。以此不淨物買食。口口突吉羅。買衣著。隨著隨著波逸提。若共貿物。前人心悔應還。若過七日不應還。若以減價索他貴衣。突吉羅。若必須是物三索不肯者。應覔淨人使買。

此戒大乘同制。

〔引證〕薩婆多毘婆沙云。此販賣罪。於一切波逸提中最是重者。盜作屠兒不爲販賣。何以故。屠兒正

害畜生。販賣一切欺害。不問道俗賢愚持戒毀戒

無往不欺。又常懷惡心。設若居穀。心恆希望。使天

下荒餓霜雹災害。若居鹽貯積物意常企望。四遠

反亂王路隔塞。夫販賣者。有如是惡。此販賣物設

與衆僧作食。衆僧不應食。若作四方僧房不應住

中。若作塔作像不應向禮。又云但佛作意禮。凡持

戒比丘不應受用此物。若此比丘死。此物衆僧應

羯磨分問曰。不死時不受用此物。何以死便羯磨。

答曰。此販賣業罪過深重。若生在時衆僧食用此

物者。雖復犯戒有罪。僧福田中故與受用。以受用故續作不斷。是僧福田中不聽受用。今世無福。後得重罪。以此因緣不敢更行。比丘旣死。更無販賣因故。是故聽羯磨取物。

第二十一畜長鉢戒

若比丘畜長鉢不淨施。得齊十日。過者尼薩耆波逸提。

【緣起】此戒有二制。佛在舍衛國。給孤獨園。時六羣比丘畜鉢。好者持不好者置。如是常覓好鉢。遂畜甚多。衆居士詣房觀見譏嫌。如陶師賣鉢肆。諸知足比丘聞已白佛。此初結戒也。時阿難得蘇摩國貴價鉢。（此國之鉢色青好如閻浮樹）意欲與大迦葉而迦葉不在。畏犯畜長鉢往白世尊。佛問迦葉更幾日當還。報言却後十日當還。由是聽畜齊十日。此第二結戒也。由情貪積聚。增長煩惱妨修正業。爲遮斷故。制斯學處。

釋義 律云。鉢有六種。鐵鉢。蘇摩國鉢。烏伽羅國鉢。優伽賒國鉢。黑鉢。赤鉢。大要有二種。鐵鉢。泥鉢。大者受三斗。小者受一斗。此是鉢量。

梵語波呾囉或云鉢多羅此翻爲鉢也義翻應器謂體色量三皆須應法也體者泥及鐵也色者熏作黑赤色或孔雀咽色或鴿色也量者如律所分大小也

薩婆多論云。諸論師有種種異說。然以一義爲正。鉢者三種。上者受三鉢他飯。一鉢他羹。餘可食物半羹。下者受一鉢。他飯。半鉢他羹。餘可食物半羹。上下兩間是名中鉢。梵語鉢他。此翻云升。三鉢他飯可秦升二升。秦升止有今之七合一鉢他羹。餘可食物半羹者。是一鉢他半也。受食之時留鉢上空處。不得太滿。須令指不觸食為善。

〔結罪〕是中犯者。若比丘一日得鉢。二日三日四日乃至十日得鉢。畜至十一日明相出。十日中所得鉢盡捨墮。

若十日內超間得。或但一日得。若不作淨施。若不遣與人。若不失。若不故壞。若不作非鉢。謂棄捨之不作受持應用如長衣戒中所明。皆犯捨墮。

此戒捨懺還鉢等法。於作持中明。若捨竟不還等。得罪如上。　此戒具三緣方成本罪。一是長鉢。二有貪畜心。三過十日。

兼制比丘尼捨墮。（同制同學）式叉摩那。沙彌。沙彌尼突吉羅。是爲犯。

隨開不犯者。十日內若淨施。若遣與人。若劫奪想。失破漂等想。若失鉢燒鉢取用。（謂熏時火急燒壞）若與他用。若受寄鉢比丘死。若遠行。若休道。若被賊獸水漂等難不遣與人。及最初未制戒等。是爲不犯。

第三分云。鍵鎡。小鉢。次鉢。聽不淨畜。

第四分云。比丘不應畜木鉢。此是外道鉢。若畜如法治。越毘尼罪也不應畜石鉢。此是如來法鉢。若畜得偷蘭遮。不應畜金銀雜寶香鉢。是白衣法。若畜得突吉羅。聽受鐵鉢如法熏治。

（會採）僧祇律云。不聽鉢中安隔。若以餅隔及飯隔者無犯。

十誦律云。鉢是恒沙諸佛幖幟。比丘不得盛不淨物。

五分律云。持鉢應如法。不得除糞掃。盛殘食。盛過中飲。盛香及藥。當淨舉謹護如眼。過中不得用鉢。飲。聽飲器用銅鐵瓦。聽別作歠粥器。　若得二鉢。應問和尚阿闍黎。此二鉢何者勝。若二師不善分別。應各五日用。自勝者受持。不如者與人。

善見律云。若買他鉢。未還直不得受持。若鉢主言但用。然後還直。鉢主雖作此語。亦不得受持。還直然後受持。此謂市易之人恐言不定價有增添凡此比丘與俗交易必先決斷分明免致譏諍　若買鉢已度直竟。鉢主爲熏竟報比丘。比丘不往取。過十日犯捨墮。

若鉢主熏竟他人知傳向比丘道比丘雖聞過十

日不犯。

摩得勒伽云：若比丘有一鉢不受持，犯捨墮。

律攝云：若減量若過量，若擬與人出家近圓，隮其所用，雖不分別無犯。不分別十日不滿謂也 若貯羹菜或飲水，畜二小鉢，及安鹽盤子並匙，悉皆無犯。 又於大鉢之中隨容小鉢，若順所須多畜非犯。 應更畜一大鉢，防闕事故。此異外道縫葉為器，或於手內立拱而食，難養難供，非福田相。世尊許一非多，非少，善順中道，資身修業。

薩婆多論云。若畜白鐵鉢。瓦鉢未燒。一切不應量鉢突吉羅。（律攝云若順所須多畜非犯乃必用之具縱多亦有分限故開此中若畜白鐵等鉢結成所犯者既非堪用之物而仍積畜則慳貪至極故爾治之然犯實在於心非在於物也）

此戒大乘爲衆生故不同學

附考第四分云。不應鉢中畫蒲萄蓮華像。及作卍字。作已名字。　不應纏鉢四邊若口。不應都緶纏鉢應緶兩分留一分。若有星孔應盡緶。食入孔中隨可擿出便擿出。餘者不可出無犯。　聽作囊盛。作帶絡肩。挾鉢腋下令口向外。（因比邱挾鉢腋下鉢口向脇道行遇雨脚趺倒地鉢隱脇遂成患故制口向外今時謂入里乞食則口向外若受食已則口向脇斯乃謂傳無本可據鉢破聽補綴。若作鉢者出家。聽爲諸比丘作鉢。聽畜作具。聽熏鉢應作熏爐。若釜若瓨種種泥塗。以杏子麻子泥裏。以灰平地作熏鉢塲。安支以鉢置上。鉢爐覆上。以灰壅四邊手按令堅。若新牛糞壅四邊燒之。當作如是熏。

薩婆多論云。佛初出世衆僧無鉢。佛敕釋提桓因令天巧工作十萬鉢。在於世間肆上。　梵語鍵鎡。母論譯爲淺鐵鉢。十誦律云。鉢半大鍵鎡。小鍵鎡。

本律云。鍵鎡入小鉢。小鉢入次鉢。次鉢入大鉢。據鍵鎡乃四鉢中之最小者。一往律家云一鉢三鐼。稽考諸部曾無此說。其鐼字。海篇音墳。鐵也。又音飾也。又音奔。平聲。木器也。雖字彙音訓。亦鐵屬也。

第二十二畜鉢求好戒

若比丘畜鉢減五綴不漏。更求新鉢為好故。尼薩耆波逸提。彼比丘應往僧中捨。展轉取最下鉢與之。令持。乃至破應持。此是時。

〔緣起〕佛在舍衛國。給孤獨園。時跋難陀鉢破。入舍衞城向居士求鉢。時居士即市鉢與。復至諸居士家亦如是求。破一鉢得衆多鉢。異時諸居士於一處集。各各自言得福無量。以市鉢與跋難陀。故由是諸居士皆共譏嫌無有慚愧。破一鉢而得多鉢畜。雖施者無厭而受者知足。諸比丘聞知白佛結戒。由情貪好故。增長煩惱。招世譏嫌。制斯學處。

〔釋義〕文分三節。若比丘下。明故犯結罪。彼比丘下。明僧中捨法。乃至下。明守護綴鉢法。律云五綴者。相去兩指間一綴。綴者聯綴也謂合著連補減五綴不漏者謂現前守持之鉢

雖破補綴尚未滿五盛貯羹飯不漏仍堪受用行持而爲貪新好勝妙故更從他人乞求第二鉢也

〔結罪〕是中犯者若比丘鉢破減五綴不漏更求新鉢捨墮 若滿五綴不漏更求新鉢者突吉羅

此應捨是中捨者彼比丘應於此住處僧中捨揀非餘住處捨已懺悔竟僧應羯磨與鉢此比丘鉢若貴價好者應留置取最下不如者白二羯磨與之白二羯磨已彼比丘鉢應作白次第問僧當持與上座若上座欲取此鉢與之應取上座鉢與次座若與彼比丘彼比丘應取不應護衆僧故不取謂應取卽

取不必迴護衆僧亦不應以此因緣受持最下鉢。若受突吉羅。此謂衆僧不應以此行有犯鉢因緣而故受持最下鉢來集欲換彼好鉢若受來者先存貪好之心豈爲清淨衆所以治罪此於根本律中顯本部文畧義隱若第二上座取此鉢。應取第二上座鉢與第三上座。若與彼比丘。彼比丘。應受不應護衆僧故不受。不應以此因緣受持最下鉢。若受突吉羅。　如是展轉乃至下座。若持此比丘鉢還此比丘。若持最下座鉢與之。此戒捨懺及還鉢。行鉢。付鉢。單白白二羯磨等法。於作持中明。准根本律差一五德人行鉢有白衆法亦補作持內彼比丘守護此鉢不得著瓦石落處。不得著倚杖下及著倚刀下。不得著懸物下。不得著道中。不得著石上。不得著果樹下。不得著不平地。比丘不得一手捉兩鉢除指隔中央。不得一手捉兩鉢開戶除用心。不得著戶閾內戶扉下。不得持鉢著繩牀木牀下除暫著。不得著繩牀木牀間。不得著繩牀木牀角頭除暫著。不得立蕩鉢乃至足令鉢破。比丘不得故壞鉢。不應故令失。若故壞不應作非鉢。若捨竟不還等。得罪如上。　此戒具三緣方成本罪。一有貪積心。二受持鉢滅綴不漏。三乞求好鉢已得。

〔兼制〕比邱尼捨墮。同制同學式叉摩那。沙彌。沙彌尼突吉羅。是爲犯。

〔隨開〕不犯者。五綴漏。若滅五綴漏更求新鉢。若從親里索。若從出家人索。若爲他索。他爲己索。若不求而得。若施僧得鉢時當次得。若自有價買畜。及最初未制戒等。是爲不犯。

〔會採〕根本律云。若苾芻鉢破堪爲一綴。雖未安綴尙得受用。更求餘鉢者。求時犯惡作。得便犯捨墮。

律攝云。非好好想。但得惡作。　好與不好作不好想無犯。

僧祇律云。是持綴鉢比丘若故打破。犯波逸提。若和尚阿闍黎及知識等。憫其洗鉢妨道藏去。不見已更乞無罪。　乞得一鉢應受持。若得兩鉢一鉢入僧淨厨。乃至得十鉢九鉢入僧淨厨。僧淨厨乃白羯磨所結淨地非今之厨也如得鉢直亦如是。

薩婆多摩得勒伽云。若乞得衆多鉢。應捨一意所貪樂者。餘者應與同意。

此戒大乘同學

（附考）律攝云。有五種鎔瀉物不應用綴鉢。謂黑糖。黃蠟。鉛。錫。紫礦。根本律云此五種著熱物時便脫落有五種綴鐵鉢法。一以細釘塞孔。二安小鐵片打入令堅。三如魚齒四邊鉸破內外相夾。四以鐵片掩孔周圓釘之。五用屑末此有二種。一鉎鐵末。二磨石末。初補鐵鉢。次補瓦鉢。用末綴時以油和末。於鐵鉢中用鐵鎚熟研方用塞孔。即以微火燒之使硬。若麤澀者。

更以油塗依法熏之。若瓦鉢有孔隙者。用沙糖和泥塞之。以火乾炙。若疊破者。刻作鼓腰以鐵鼓塡之。上以泥塗火熏應用。泛論鉢者。有四圓滿。一體圓滿。謂是鐵也。二相圓滿。謂堅牢無穴無綴不受垢膩。三量圓滿。謂是大鉢。四得處圓滿。謂衆中分得。或施主處得。

第二十三非親織衣戒

若比丘自乞縷線。使非親里織師織作三衣者。尼薩耆波逸提。

〔緣起〕佛在舍衛國。祇桓園中。時䟦難陀欲縫僧伽棃。入城至諸居士家處處求線。乞得線多。遂持與織師。使織作三衣。彼自手作縱。自看織。居士見而譏嫌。諸比丘聞知白佛。結戒由惱物生譏。制斯學處。乃初篇盜根本種類。

〔釋義〕律云。自乞者。在在處處自行求乞。縷。線者。有十種。如上十種衣線也。織師非親里。與線者非親里。織師非親里。與線者親里。織師是親里。與線者非親里。但非親里。制遮不聽。

〔結罪〕是中犯者。若織師非親里。與線者非親里。捨墮。若自看織。若自織。若作緯。盡突吉羅罪。

此戒捨懺還衣等法。於作持中明。若捨竟不還等。得罪如上。此戒具三緣方成本罪。一貪求慢教。二從非親乞縷。三不與價而使非親里織衣。

〔兼制〕比丘尼捨墮。同制式叉摩那。沙彌。沙彌尼突吉羅。是爲犯。同學

〔隨開〕不犯者。織師是親里。與線者是親里。若自織作鉢囊。革屣囊。鍼氈。禪帶。若作腰帶。若作帽。若作

礙。及最初未制戒等。是爲不犯。

〔會採〕僧祇律云。自行乞縷。越毘尼心悔。得者越毘尼罪。織成者捨墮。

十誦律云。若自織。若令五衆織。突吉羅。

律攝云。若彼施主自有信心令彼爲織。或以價酬織者無犯。若虛誑心陳已勝德。乞得物時。惡作他勝一時俱得。（他勝謂棄罪也）實有德者。得惡作墮罪。雖親織師不知時故。令他生惱或現異相。皆得惡作。

薩婆多論云。少衣正應乞衣。不應乞縷。作衣。須縷縫衣作帶無犯。

摩得勒伽云。爲僧乞不犯

此戒大乘爲衆生故不同學。

第二十四勸織好衣戒

若比丘居士。居士婦使織師爲比丘織作衣。彼比丘先不受自恣請。便往織師所語言。此衣爲我作與我極好織令廣大堅緻。我當少多與汝價。是比丘與價。乃至一食直。若得衣尼薩耆波逸提。

緣起此戒有二制。佛在舍衛國。給孤獨園。時城中有一居士出好綫。令織師爲跋難陀織衣。織師詣寺語跋難陀。彼卽遣織廣大堅緻者。織師言綫少。跋難陀至居士家更乞綫。居士婦出綫箱。卽恣意擇取好者持與織師。織師言價少。卽更許與價。居士從他處還問婦言。前所織衣今成未。婦報已成。持衣與看。居士言此非我先所織衣。婦卽具說因緣。居士便生譏嫌。諸比丘聞知白佛。此初結戒也。如是結戒已。諸居士自恣請與比丘衣。諸比丘疑不敢荅。又有居士欲與比丘貴價衣。然比丘少欲知足。欲得不如者。疑不敢荅。佛言若先自恣請。及索不如者。隨意荅。故更加先不受自恣請之語。此第二結戒也。由招世譏嫌。制斯學處。乃初篇盜根本種類。

〔釋義〕文分二節。居士居士婦使織師下。明貪求之事。是比丘與價下。結成所犯。律云居士居士婦如上。衣有十種如上。與我極好織者謂令精妙也。亦是令衣廣大堅緻之義。廣者令足監量大者令足橫量堅者謂牢固緻者謂細密乃至一食直者謂下至極少與一餐之工價也

〔結罪〕是中犯者。若比邱先不受自恣請。便往求衣。若得者捨墮。不得突吉羅。

此戒捨懺還衣等法。於作持中明。若捨竟不還等。得罪如上。此戒具五緣方成本罪。一貪慢求好。二先未受請。三往囑織者。四許增價直。五衣成取獲。

〔兼制〕比邱尼捨墮。同制同學式叉摩那。沙彌。沙彌尼突吉羅。是爲犯。

〔隨開〕不犯者。先受自恣請往求知足減少求。若從親里索。或爲他或他爲已。或不索而得者。及最初未制戒等。是爲不犯。

(會採)僧祇律云。若語織師言與我好織。堅織緻打。得越毘尼罪。　織師下手打織時。下下波逸提。作是得者捨墮　若但往勸不許價。得衣者越毘尼罪。

根本律云。爲求衣故。從座而起整理衣服。持二五食等至織師所而授與之。勸令好織。皆得惡作罪。

薩婆多論云。此衣不問應量不應量。盡皆得罪。

若爲織師說法令好織。不與食具食直。得好衣突吉羅。若遣使書信印信。許與食具食直。得好衣捨墮。若自有縷令織師織無罪。

此戒大乘同制。卽是惡求多求。

第二十五與衣瞋奪戒

若比丘先與比丘衣後瞋恚。若自奪。若敎人奪取。還我衣來不與汝。若比丘還衣彼取衣。尼薩耆波逸提。

〔緣起〕佛在舍衛國。給孤獨園。難陀弟子善能勸化。跋難陀語言。與我共行人間當與汝衣。跋難陀與衣已。餘比丘語言。汝以何事共跋難陀行。彼癡人不知誦戒。不知說戒布薩羯磨。後彼比丘卽不隨行。跋難陀乃索前衣比丘不還。卽瞋恚强奪比丘高聲言莫爾莫爾。比房諸比丘聞聲盡來集聚。問知其故。白佛結戒。因取衣事不忍。廢闕譏嫌煩惱。制斯學處。乃初篇盜根本種類。

【釋義】文分三節。先與比丘衣者。明其自樂施。後瞋恚下。明其瞋奪取。若比丘還衣下。結成所犯。律云衣有十種如上。律攝云與衣者是句總標若與衣時告言汝可與我作使若不爲我

作使奪衣　後瞋恚者後是別時瞋者以身業現惱相故恚者謂於內心結忿恚故　奪者據本心有所希望情既不遂所以仍返奪之

〔結罪〕是中犯者。若比丘先與比丘衣後瞋恚若自奪。若敎人奪取。藏舉者捨墮。　若奪而不藏舉者。突吉羅。

若著樹上牆上籬上。乃至衣架牀褥上。若取離處捨墮。　取不離處突吉羅。

此戒捨懺還衣等法於作持中明。若捨竟不還等。得罪如上。　此戒具四緣方成本罪。一先本與他。

二人是清淨比丘。三因瞋復奪。四離處藏舉。

（兼制）比丘尼捨墮。同制。式叉摩那。沙彌。沙彌尼突吉羅。同學。是爲犯。

（隨開）不犯者。不瞋恚。言我悔不與汝衣還我來。若彼人亦知其人心悔卽還衣。若餘人語言此比丘欲悔還他衣。若借他衣著。他著無道理奪取。若恐失衣。若恐壞。若彼人破戒。破見。破威儀。若被舉。若滅擯。若應滅擯。若爲命難梵行難。如是一切奪取不藏舉。及最初未制戒等。是爲不犯。

【會採】僧祇律云。或合與別奪。或別與合奪。或合與合奪。或別與別奪者。得一波逸提。別奪者。得衆多波逸提。　若與衣時作是言。住我邊者與。不住者奪。或言汝適我意者與。不適意還奪。或爲受經故與。不受經還奪一切無罪。　或賣衣未取直直未畢仍取衣無罪。　或弟子不可敎誡。爲折伏故奪。後折伏已還與無罪。

根本律云。若敎比丘奪彼衣時。衣未離身。二俱惡作。　若離身者。俱得波逸底迦。罪主有捨過。(罪主即先

與衣者捨過謂得尼薩耆波逸提罪
薩婆多論云奪比丘尼式叉摩那沙彌沙彌尼衣突吉羅。若奪得戒沙彌行波利婆沙摩那埵盲瞎聾瘂不見擯惡邪不除擯盡突吉羅。若奪狂心亂心病壞心犯四重五逆人五法人衣盡突吉羅。若比丘尼奪比丘尼衣奪得戒沙彌尼乃至五逆五法人衣盡捨墮奪比丘衣突吉羅。若先根本與他衣根本與謂是實意與他而衣已屬彼彼爲主故後爲惱故暫還奪取捨墮衣捨他波逸提懺衣捨他者謂仍與彼人若先

根本與他衣後根本奪。應計錢成罪。以直五錢犯重故若

先暫與他衣後便奪取。以忿恚欲令彼惱。突吉羅。

若爲折伏令離惡法。暫奪無罪。本律奪破戒見等衣不犯者先爲持戒與衣後因犯戒等故奪此是折伏心所以不犯薩婆多制奪得戒沙彌乃至被舉人衣盡犯捨墮由其本是與學被舉人先以憐愍與後以瞋恚奪則是喜怒不恆恣任情見所以結過也

此戒大乘同學

第二十六過七日藥戒

若比丘有病。殘藥。酥。油。生酥。蜜。石蜜。齊七日得服。若過七日服者。尼薩耆波逸提。

〔緣起〕佛在舍衛國。時諸比丘秋月風病動。形體枯燥。又生惡瘡。佛聽時非時有病服五種藥。畢陵伽婆蹉在羅閱城。多有所識。亦多徒衆。大得酥油生酥蜜石蜜五種藥。諸弟子積聚藏舉處處流漫房舍臭穢。時諸長者見如是儲積狼籍。皆共譏嫌謂如瓶沙王庫藏。有知足比丘聞已白佛結戒。此是遮罪。因病藥事。貪煩惱故。制斯學處。

〔釋義〕文分二節。有病下。明聽服藥。若過下。結成所犯。律云。病者。醫敎服爾所種藥也。藥者。酥。油。生酥。

蜜石蜜根本律云病有二種一饑渴爲主病二四百四病爲客病諸病緣不出三種謂風熱痰癊此三種病以三藥能除油除風氣酥與石蜜除黃熱病蜜及陳砂糖能除痰癊雜病者應盡用上藥可治　僧祇律云四百四病者風病一百一火病一百一水病一百一雜病一百一

結罪是中犯者。若比丘一日得藥畜。二日三日四日乃至七日得藥畜。八日明相出。七日所得藥盡捨墮言一日者如畜長衣戒中所明

若七日中或間日得藥。或唯一日得藥。至八日明相出盡捨墮。

若七日內所得藥不淨施。不遺與人。若不失。不故

壞。不作非藥。作非藥者若是酥及油用然燈或塗腳或塗戶嚮若是蜜及石蜜施與寺中淨人　若不作親厚意取。不忘去。至八日明相出盡捨墮。

若犯捨墮藥不捨。更貿易餘藥。一捨墮。一突吉羅。

此戒受諸藥法及捨懺還藥等法。於作持中明。若捨竟不還等。得罪如上。　此戒具三緣方成本罪。一是七日藥。二有貪畜心。三過七日已。

兼制 比邱尼捨墮。同制同學 式叉摩那。沙彌。沙彌尼突吉羅。是爲犯。

〔隨開〕不犯者。若彼過七日藥。若酥油塗戶嚮。若蜜石蜜與守園人。若至七日所捨與比丘食之。若未滿七日還彼比丘。彼當用塗脚。若然燈。及最初未制戒等。是爲不犯。

〔會採〕律攝云。若七日滿作滿想並疑。捨墮。不滿作滿想並疑。得惡作罪。若爲好容儀。或著滋味。或求肥盛。或詐僞心。服食諸藥。皆惡作罪。受七日藥正服之時。應告同梵行者。作如是語。我已一日服藥訖。餘有六日在。我當服之。乃至七日準知。

十誦律云。若重病不犯。食是四含消時應作是念。我以治病故含。不爲美味。四含消即酥油蜜石蜜也石蜜非時不聽輒噉。有五種人得非時食。謂遠行人。病人。不得食人。少食人。若施水處和水得飲。邇來或有講演禮懺謂米糖及陳皮橘餅可充藥食於非時輒噉不禁者斯皆師心自許致令後學倣效研窮五部律章未見如是開聽

此戒大乘同學

第二十七雨衣求用非時戒

若比丘春殘一月在。當求雨浴衣。半月應用浴。若比

邱過一月前求雨浴衣過半月前用浴尼薩耆波逸提。

緣起 佛在舍衛國。給孤獨園。毘舍佉母請佛及僧明日食。時天大雨。佛言此雨是最後雨。四天下亦如是。令諸比邱盡出在雨中浴。婢來白食時到。遙見比邱皆裸形浴疑是外道。還白主母。重敕往請佛至其舍旣受供訖。毘舍佉母從佛請求八願。願與客比邱食。爲諸客比邱遠來不知所趣。願與遠行比邱食爲或以食故不及伴。願與病比邱食。爲若不得隨病食便命終。若得隨病食便除差。願與病比丘藥。爲若不得隨病藥便命終。若得隨病藥便得差。願與瞻病人食。爲彼自求故闕看病。願供給比丘粥。我晨朝遣婢至僧伽藍請僧白時到。諸比丘盡露形雨中浴。願供給比丘比丘尼雨浴衣。如是八願盡形供給。佛皆聽之。時六羣比丘聞佛聽畜雨浴衣。即一切時春夏冬常求雨浴衣。不捨雨衣。便持餘用現有雨衣。猶祼形浴。諸比丘白佛結戒。因貪慢煩惱。制斯學處。

釋義文分二節。春殘一月下。明制求用。若比丘過一月下。結成所犯。律云雨浴衣者。有十種如上。彼比丘三月十六日應求雨浴衣。四月一日應用。此准四月為一際從臘月十六日至四月十五日為春際也今云春殘一月在當求雨浴衣者謂春際三月已過唯殘一月在即三月十六日至四月十五日也即於此一月中應求至四月初一日應用其量長短於單墮中第八十九戒明之 然此衣以防其倉卒難辦雨時將至安居日近故聽去夏前一月預求不應更此時復不聽夏中求以安居時宜當修道為本不應經營求覓恐防廢正業故

結罪是中犯者。若比丘三月十六日前求衣四月一日前用。捨墮。

此戒捨懺還衣等法。於作持中明。若捨竟不還等得罪如上。　此戒具三緣方成本罪。一無敬教心。二過一月前求得衣。三過半月前受用。

〔兼制〕比丘尼突吉羅。同制不同學式叉摩那。沙彌。沙彌尼突吉羅。是爲犯。

〔隨開〕不犯者。三月十六日求。四月一日用。若捨雨衣已乃更作餘用。若著浴衣浴。若無雨衣。若作浴衣。及最初未制戒等。是爲不犯。

〔會採〕根本律云。若苾芻欲作前安居。卽於春殘一月求雨浴衣。　若苾芻欲作後安居者。便作是念。彼尚求衣我何不求。若求得者犯捨墮。　若苾芻作後安居。彼持雨浴衣至八月盡仍尚持衣。若前安居人作如是念。彼尚持衣。至八月盡我何不持。若持者得捨墮。　若苾芻各依自夏求衣持衣者。無罪。（安居雖分前後期限各滿九旬不可前後為例）

僧祇律云。此衣不得受當三衣。不得作淨施。　不得著雨衣入河中池中浴。不得小小雨時著浴。亦不得裸身浴。當著舍勒。（內短小褌也）　若餘故衣。　不得著雨衣種種作事。當須大雨時被浴。　若雨卒止垢液者得著入餘水中浴無罪。　若比丘食時欲以油塗身。若病時，若多人行處得繫雨頭作障。此雨浴衣得四月半受用。謂春殘半月夏際四月也至八月十五日當捨。一比丘僧中唱。大德僧聽今日僧捨雨浴衣。如是三說。若至十六日捨者。越毘尼罪。　捨已得用作三衣。亦得知識比丘邊作淨。亦得入餘水中浴。種種著作無罪。

薩婆多論云。尼得畜浴衣。不得畜雨浴衣。　比丘畜雨浴衣凡有二事。一雨時障四邊於中浴。天熱時亦以自障於中浴。二以夏月多雨。常裹三衣擔持行來。若閏三月不應前三月求。比丘不畜雨浴衣無罪。

此戒大乘同學

第二十八過時畜急施戒

若比丘十日未竟夏三月。諸比丘得急施衣。比丘知是急施衣當受。受已乃至衣時應畜。若過畜者。尼薩耆波逸提。

〔緣起〕佛在毘蘭若。夏安居竟。婆羅門請佛及僧。食訖施衣。佛聽諸比丘受夏衣。六羣聞知。卽一切時常乞衣。安居未竟亦乞衣亦受衣。又跋難陀在一處安居竟。聞異處大得衣。乃處處分得衣分持入祇桓。少欲比丘知已白佛。佛但呵責。未與結戒。時波斯匿王遣梨師達多富那羅二大臣往征反逆。二大臣受命已。自念往征未知得還不當預爲僧設食施衣。諸比丘以安居未竟不敢受衣白佛。佛聽諸比丘受急施衣。由是結戒。

〔釋義〕文分二節。十日未竟下。明聽受畜。若過下。結成所犯。律云急施衣者。受便得不受便失。（此爲檀越有急務公出若當時施衣在現前便得不在現前便失）衣者有十種如上。衣時者。自恣竟不受迦絺那衣一月。受迦絺那衣五月。自恣十日在。（卽七月初五日未至十五日故云十日在）若比丘得急施衣。知是急施衣當受。受已卽十日應畜到自恣竟。不受迦絺那衣一月。受迦絺那衣五月。若自恣九日在。八日在。七日在。乃至若自恣一日在。（卽七月十四日來朝方十五故云一日在）得急施衣。知是急施衣應受。受已應畜到自恣竟。不受迦絺那衣一月。受迦絺那衣五月。

〔結罪〕是中犯者。若比丘得急施衣。若過前過後俱捨墮。若七月初五日已前受謂之過前犯不受功德衣者畜至八月十五日若過八月十五日則犯受功德衣者畜至十二月十五日若過則犯此二謂之過後畜此戒捨懺還衣等法。於作持中明。若捨衣竟不還等。得罪如上。　此戒具三緣方成本罪。一是急施衣。二心存貪慢。三受畜過前後。

〔兼制〕比丘尼捨墮。同制同學式叉摩那。沙彌。沙彌尼突吉羅。是爲犯。

〔隨開〕不犯者。得急施衣不過前後不犯。若爲賊奪衣。失衣。燒衣。漂衣。過前不犯。作奪失燒漂等想。若嶮難道路不通。多諸賊盜惡獸難。若河水大漲。王者所執閉。命難梵行難。若彼受寄比丘或死。或出行。或賊獸所害。或爲水所漂。過後無犯。及最初未制戒等。是爲不犯。

〔會採〕根本律云。急施衣有其五種。或爲自病故施。或爲他病者故施。或將死時施。或爲死亡故施。或將行時施。若在夏中或時施主欲得自手而行施者。取亦無犯。若其差得藏衣苾芻。或施主作如是語。我行還自手當施。雖過時分畜亦無犯。薩婆多論云。急施衣者。若王施。若夫人施。若王子施。大官鬬將施。衆僧以諸貴人善心難得。又女欲嫁時。以至壻家不自在故。令得自在以物施僧。若病人施令存亡有益。如是等盡名急施衣。除急施衣。一切安居衣必待自恣時分。若安居中分突吉羅。

此戒大乘為衆生故得畜。然須如法淨施。準前所論。

第二十九後月離衣過六夜戒

若比丘夏三月竟。後迦提一月滿。在阿蘭若。有疑恐懼處住。比丘在如是處住。三衣中欲留一一衣置舍內。諸比丘有因緣離衣宿乃至六夜。若過者尼薩耆波逸提。

〔緣起〕佛在給孤獨園。諸比丘夏安居竟。後迦提一月滿。在阿蘭若處住。時多有賊盜劫奪衣鉢。皆來趣祇桓精舍聚住。佛知其故。聽在是處住留一一衣置舍內。時六羣比丘聞佛開聽。卽便留衣置舍內。囑親友比丘已出行。受囑者出衣日中曬之。諸比丘詰問其故。白佛結戒。因癡慢煩惱。制斯學處。

【釋義】文分三節。夏三月竟下。明移居滿夏。若有疑恐懼下。明難開聽。若過下。結成所犯。夏三月竟者。謂四月十六日至七月十五日訖後迦提一月者。迦提此翻昴星謂昴星直此月故卽七月十六日至八月十五日是夏四月之後一月也滿者。謂後安居人於五月十六日始來結坐然雖隨前安居人於七月十五日已自恣其一夏之功未圓必須滿此一月住令足成九十日而不破夏制故律云阿蘭若處者。去村五百弓。遮摩羅國弓。長四肘用中肘量。中人一肘周尺一尺八寸五百弓卽五里也有疑恐怖者。疑中有盜賊恐怖。比丘在如是處住。三衣中欲留一一衣置舍內者。三衣謂僧伽棃。鬱多羅僧。安陀會。舍內謂村聚也。五分律云一一衣者若僧伽棃若優多羅僧隨所量寄一衣不得寄安陀會以著身故不得寄二以禮拜入僧乞食不得單著故有因緣離衣宿者。有因緣謂有墖事和尙阿闍棃事及以他事總而言之乃三寶病緣及看病等事離衣者謂離所寄之所也乃至六夜者。薩婆多論云從七月十六日次第六夜聽阿練若安居比丘得離衣宿所以聽者此六夜中間是賊發時是故聽也彼六夜竟。

第七夜明相未出前。若捨三衣。若手捉衣。若至擲石所及處。此云擲石所及處者非是阿蘭若界是以所寄衣之村舍外界而論

〔結罪〕是中犯者。若比丘六夜竟。第七夜明相未出前不捨三衣。不手捉衣。不至擲石所及處住。第七夜明相出離衣宿。一切犯捨墮。

此戒捨懺還衣等法。於作持中明。若捨竟不還等。得罪如上。　此戒具四緣方成本罪。一期至六夜。二慢教不往衣所。三不作心念法捨。四明相已現。

〔兼制〕比丘尼突吉羅。同制不同學　式叉摩那。沙彌。沙彌

尼突吉羅。是爲犯。

〔隨開〕不犯者。劫奪想。失想。燒想。漂想。若船濟不通。路道嶮難。多盜賊。有惡獸。河水暴漲。強力所執。或繫閉。或命難。或梵行難。如是等不捨衣。不捉衣。不至擲石所及處。並最初未制戒等。是爲不犯。

〔會採〕五分律云。不聽近聚落住。離衣宿。　不聽阿蘭若無恐怖處。離衣宿。　若一宿二宿乃至五宿。事訖不還突吉羅。

律攝云。本心暫去。卽擬還來。因事稽留不至衣所無犯離衣過。

善見律云。若阿蘭若處衆僧多。房舍堅密。不須寄衣聚落。寄衣已六夜一往看。見衣已還阿蘭若處。

此戒大乘比丘同學

附考僧祇律云。佛在舍衛祇桓精舍。時沙祇園夏安居中。衆僧有諍事起。佛敕優波離滅諍。尊者因僧伽黎重。若被雨者不可勝。而今半安居中若留衣則犯捨墮。是以不去。佛聽留衣得齊六夜。復以諍事非可卒斷。佛言從今聽一月不失衣宿白二羯磨。是以除僧羯磨得一月不失衣也。

僧祇律云。夏三月未滿。五分律云。安居三月。未滿八月。十誦律云。三月過。未至八月。未滿歲。根本律云。在阿蘭若處作後安居故今滿字讀聯下句者。准餘四部事義方順。由本律譯文之古。一往讀聯上句大乖制意。實不相宜。故引諸部不無所據。

第三十迴僧物入己戒

若比丘知是僧物。自求入己者。尼薩耆波逸提。

〔緣起〕此戒有二制。佛在舍衛國。祇樹園中。有一居士恆好惠施。欲飯佛及僧兼施好衣時跋難陀聞知即往彼居士家。語言衆僧有大善利威力福德。施衆僧者多汝今施衆僧衣可施我。居士可之便不復與衆僧衣具。唯設種種飲食。次日請僧至家。見衆僧威儀具足。發大聲言。我云何爲如是嚴整衆僧衣而作留難。諸比丘問知其故。訶責跋難陀。云何斷衆僧利而自入已。以此因緣白佛。此初結戒也。時諸比丘不知是僧物非僧物。爲許僧不許

僧後乃知是僧物已許僧或有作捨墮懺悔或慚愧者佛言不知無犯此第二結戒也由貪煩惱制斯學處乃初篇盜根本種類

【釋義】律云僧物者為僧故作已與僧已許僧物者衣鉢坐具鍼筒下至飲水器律攝云利物有二種一衣利二食利凡衣服飲食臥具衣藥皆從他得故言利物此中利者據衣物利故言求入己者謂知是僧物而攝為私物也

【結罪】是中犯者若知是僧物求入己者捨墮 若物許僧轉與墖突吉羅若物許墖轉與僧亦爾

若物許四方僧轉與現前僧突吉羅。若物許現前僧轉與四方僧亦爾。 若物許比丘僧轉與比丘尼僧突吉羅。若物許比丘尼僧轉與比丘僧亦爾。

若物許異處轉異處突吉羅。

若已許作許想者。捨墮。 若已許心疑 未許作已許想 未許疑皆突吉羅

此戒捨懺還物等法。於作持中明。若捨竟不還等。得罪如上 此戒具四緣方成本罪一聞施起貪。二物已許僧。三許想故廻。四得物入已

〔兼制〕比丘尼捨墮。同制同學式叉摩那。沙彌。沙彌尼突吉羅。是爲犯。

〔隨開〕不犯者。若不知是僧物。若已許作不許想。若許少勸令與多。若許少人勸與多人。若許惡勸與好者。或戲笑語。若誤語。若獨處說。或眠中語。或欲說此乃說彼。及最初未制戒等。是爲不犯。

〔會採〕僧祇律云。若有人來欲布施。問比丘言應施何處。答言隨汝心所敬處便與。復問何處果報多。答言施僧果報多。復問何等清淨持戒有功德僧。

答言僧無有犯戒不清淨。　若人持物來施比丘。應語言施僧者。得大果報。若言我已曾施僧。今正欲施尊者。受之無罪。　若有人問比丘言。我欲以此物布施。爲置何處。使我此物長見受用。爾時應語某甲比丘是坐禪誦經持戒。若施彼者。長得受用見。　若知物向僧。迴向已捨墮。是物僧不應還。僧應受用。　若迴與餘人波逸提。物非入已故無捨也知物向此僧。迴與餘僧者越毘尼。　若知向此衆多人。迴與彼衆多人越毘尼。　若知物向此畜生。迴與餘畜生越毘尼心悔。

根本律云。若苾芻知屬一苾芻物自迴入已迴時得惡作罪。得便捨墮。　乃至知物屬二人三人或屬僧。自迴入已得罪如前。　若與此貧人物。迴與彼貧人得惡作罪。若覓不得者。迴與無犯。

五分律云。若施主自迴。欲以物與已不犯。

薩婆多論云。若物向僧。與前人說法令物自入捨墮。物則還僧。　若比丘知檀越以物施此塔迴向彼塔。物即入彼塔不須還取。以福同故。比丘作突吉羅懺。 若知檀越以物施此僧祇迴向餘僧祇。此物入餘僧祇不須還取。以僧祇同故。比丘作突吉羅懺。 若知檀越以自恣臘與此衆僧迴向餘僧。自恣物應還與此僧。以自恣物所屬異故。比丘作突吉羅。懺本律僧祇但明迴此僧物與餘僧得罪而未判物當與誰今准薩婆多則不須還取無復疑矣

此戒大乘同制三十捨墮法竟

毘尼止持會集卷第七終

音義

糴糶　上音狄買穀也下音跳賣米也

白鑞　音拉錫鑞也

規利　規謂規求計也左傳云規求無度

蘇摩國鉢　蘇摩此翻云月按第四分云佛在此國人間遊行彼國有一信樂陶師佛一一指授教令作鉢彼如教隨作卽成特異貴好蘇摩鉢與諸比丘不敢受佛聽受畜五分律云佛於蘇摩國自作鉢坯以爲後式令陶師燒陶師便多作合燒開竈視之皆成金色鉢怖懼言此是大沙門神力若王聞者必當謂我多有金寶便舉埋藏佛復作令燒皆成銀鉢亦怖懼埋藏佛復作令燒乃成銅鉢色靑好如閻浮樹與諸比丘不敢受佛聽受畜

烏伽羅國鉢　或作鬱伽羅又名云優伽羅總是一號時諸比丘得此國貴好瓦鉢不受佛聽受畜

優伽賒國鉢　或云憂伽賒或云烏伽賒皆一也諸比丘得此國貴好瓦鉢不敢受佛一聽受畜

黑鉢　此是毘舍離城上好黑色貴瓦鉢諸比丘得不敢受佛聽受畜

赤鉢　此是舍衞國上貴赤色瓦

鉢諸比邱不敢受佛聽受用

瓨 與缸同

歠 穿入聲大飲也

釁 許慎切欣去聲凡瓦器裂皆曰釁

繀 音粹說文云著絲於筟車筟音夫織緯者

二五食 一者蒲闍尼翻云噉食此有五種謂飯麨乾飯魚肉二者佉闍尼翻云嚼食此有五種謂枝葉華果細末食

難陀弟子 此難陀是跋難陀之兄非佛弟難陀也根本律云難陀有一共住弟子名達摩常懷慚耻追悔為心於諸學處愛樂尊重彼未曾知難陀惡行與之共住既知行跡即便捨之與善苾芻而為同住除三時禮除三時禮者律制弟子日三時中若不禮拜和尚者得越法罪

得戒沙彌 此是比邱犯重即時發露無覆藏心眾僧白四羯磨與學戒法既非比邱又不捨離袈裟仍同大僧共住故名得戒沙彌

五法人 受提婆達多破僧五法者

酥 是牛羊等乳鑽抨成之或以莫葉藥而成之所謂從牛出乳從乳出酥從酪出生酥從生酥出熟酥從熟酥出醍醐而醍醐最為上

藥抨音并　大論云牛乳驢乳其乳雖同牛乳抨則成酥驢乳抨則成糞

油

律攝云油謂苣藤蔓菁及木蜜等并五種脂如法澄濾苣藤即胡麻也蔓菁即蕪菁也其根莖葉可爲茶食子可壓油也

蜜

謂蜂蜜也蜂有黃黑蜜分厚薄

石蜜

是甘蔗糖所成者善見律名云甘蔗糖堅強如石是名石蜜然有黑白二種白者味純甘黑者味帶苦本草云一名乳糖又名白雪糖即白糖出益州及西戎用水牛乳汁米粉和沙糖煎煉作餅塊黃白色而堅重川浙者佳主心腹熱脹潤肺氣助五藏津治目中熱膜口乾渴可止目昏闇能明　按根本律有糖無石蜜律攝云糖攝石蜜也

捼

音那又曰以兩手切摩也

黎師達多富那羅

梨師達多此云仙授或翻仙施又云仙餘謂從仙人邊求得子故也富那羅又名富蘭那此翻故舊或云宿舊是仙授之兄此兄弟二人是波斯匿王大臣於拘薩羅國錢財巨富無與等者而能於佛及四部眾等共受用不計我所　雜阿含

經云富蘭羅嵓修梵行離欲清淨不著香華遠諸凡鄙持戒爲勝棃師達不嵓精梵行然其智足達四聖諦智慧爲勝後時二俱命終佛記二人一持戒勝一智慧勝二俱同生一趣同一受生同於後世得斯陀含生兜率天一來世間盡苦邊際具德經云而於信心中能具大智慧仙授烏波薩哥是於信心中能持梵行布囉拏烏波薩哥是烏波薩哥即優婆塞布囉拏即富那羅

毘尼止持會集卷第八

金陵寶華山弘律沙門讀體集

〔五波逸提法〕有九十條。然此波逸提究體則總攝前章列名則別居第五。前論物爲重。此以行爲非。論物要先捨所貪物而後求悔。行非。必須決心說懺乃可得除。故前明三十尼薩耆波逸提法竟。今復明九十波逸提法也。

律攝云。波逸底迦者。謂是燒煮墮惡趣義。雖復餘罪皆是其墮。此但目於墮燒煮。指其墮處也。又諸學處於方便位。皆悉許有不敬聖教波逸底迦。據斯少分墮義皆通。文准此則深窮犯源。由心不敬聖教。故所多有違犯所犯。若成。隨事輕重結歸本罪。然於最初少分墮義一一俱通。

第一故妄語戒

若比丘知而故妄語者。波逸提。

緣起佛在釋翅瘦迦維羅衛國。尼拘類園中釋子象力比丘善能談論。與外道梵志論議若不如時。便違反前語。若僧中問是語時。卽復違反前語。梵志譏嫌。諸比邱白佛。世尊集十句義爲僧結戒。此是性罪。由詐妄事覆藏煩惱。制斯學處。乃初篇妄根本種類。

釋義　律云。知而妄語者。不見言見。不聞言聞。不觸言觸。不知言知。見言不見。聞言不聞。觸言不觸。知言不知。見者眼識。聞者耳識。觸者鼻舌身三識。知者意識。此以六識束爲四名。以眼耳意三根性利力用偏多。又能遠取境界。故各分爲名。鼻舌身三根性鈍。力用處少。又唯近取境界。故合名爲觸　律攝云。故者是決定心表非錯誤。妄語者謂對了知人。違心異說。作詭誑言。名爲妄語　善見律云。妄語者。口與心相違。亦名空語也。

結罪是中犯者。若不見不聞不觸不知。彼如是言我見聞觸知。知而妄語者。波逸提。

若不見不聞不觸不知。是中見想聞想觸想知想。彼便言我不見不聞不觸不知。知而妄語者。波逸提。

若不見不聞不觸不知。意中生疑。彼作是言我無有疑。便言我見我聞我觸我知。知而妄語者。波逸提。

若不見不聞不觸不知。意中有疑。便言我是中不疑。便言我不見不聞不觸不知。知而妄語者波逸提。

若不見不聞不觸不知。意中無復疑。便言我有疑。我見我聞我觸我知。知而妄語者波逸提。

我不見我不聞我不觸我不知。意中無疑便言我有疑。我不見不聞不觸不知。知而妄語者波逸提

本作是念。我當妄語。妄語時自知是妄語。妄語已知是妄語。故妄語波逸提。

本作是念。我當妄語。妄語時知是妄語。妄語竟不

自憶作妄語。故妄語波逸提。
本不作是念我當妄語。妄語時知是妄語。妄語竟
知是妄語。故妄語波逸提。
本不作妄語意。妄語時知是妄語。妄語已不憶是
妄語。故妄語波逸提。
所見異。所忍異。所欲異。所觸異。所想異。所心異。如
此諸事皆是妄語。一一說而了了者。波逸提。　說
而不了了者。突吉羅。　若說戒時乃至三問。憶念
有罪而不說。突吉羅。

此九十波逸提懺悔法。總於作持中詳明。自斯以降不再繁贅。　此戒具四緣方成本罪。一有妄語心。二說事不實。三言說了了。四前人領解。

〔兼制〕比丘尼波逸提。同制。同學式叉摩那。沙彌。沙彌尼突吉羅。是爲犯。

〔隨開〕不犯者。據實說。意有見聞觸知想。依想而說。及最初未制戒等。是爲不犯。

〔會採〕根本一切有部云。若苾芻凡有所語。違心而說。皆得波逸底迦罪。　若不違心而說者。皆無犯。

薩婆多論云。或有妄語入波羅夷。實無過人法。說有過人法故。或有妄語入僧伽婆尸沙。以無根法謗他比丘故。或有妄語入偷蘭遮。如說過人法不滿。以無根法謗他不滿。不滿者謂說不具足或有妄語入波逸提。如無根僧殘謗他故。及此戒中所犯。或有妄語。入突吉羅。如三衆妄語。或有妄語無罪。如先作。如在家無師僧。本破戒還作比丘。既無師僧未曾受戒若破戒已更無戒體可護是以二皆無犯戒罪然作惡業難免苦報若遣使妄語。若書信妄語。盡突吉羅。 若先無心妄語。誤亂失口妄語者盡突吉羅。若說法義論若傳人語。若凡說一切是非。莫自攝爲是。常令推寄有本。則無過也。此戒大乘同制。爲救濟衆生故得開。謂之方便語。利益語。若非濟救利益者仍犯。

附考律攝云。佛弟子言常說實。不應爲盟自雪表他不信故。設被誣謗亦不應作誓。雪者洗也

十誦律云。不得自呪呪他。不得以物自誓誓他。不得自投竄令他投竄呪與投竄一種故第三分云。時六羣比丘有小事至。便作呪詛。作呪詛者卽今投狀訴神等事

言我若作如是事當墮三惡道。不生佛法中。若汝作如是事。亦當墮三惡道。不生佛法中。佛言不應爾。聽作如是語。若我作如是事。南無佛。若汝作如是事。亦南無佛。　若居士噓及來禮足。應咒願言長壽。若下座噓時。應咒願言無病。若上座噓時應言南無。

第二毀呰戒

若比丘種類毀呰語者。波逸提。

〔緣起〕佛在舍衞國。給孤獨園。時六羣比丘斷諍事種種罵比丘。比丘。慚愧忘失前後不得語。諸比丘聞知白佛。世尊爲僧結戒。此是性罪。由出家人事不忍煩惱。制斯學處。乃初篇妄根本種類。

釋義律云種類毀呰人者卑姓家生。卑行業。卑伎術工巧。卑者。旃陀羅種。除糞種。竹師種。車師種。卑姓者。拘湊。此是天竺卑小之姓拘尸婆蘇晝。此是天竺卑下種族婆羅墮。此是婆羅門十八姓中之一姓元居卑末者若本非卑姓。習卑伎術即是卑姓。　卑業者。販賣猪羊。殺牛。放鷹鷂。獵人。網魚。作賊。捕賊者。守城知刑獄。　卑伎者。鍛作。木作。瓦陶作。皮韋作。剃髮作。竹作。或言是犯過人。謂犯七聚罪多結使人。禿盲人。禿瞎人。躄跛聾瘂及餘衆患所加。若面罵言汝是旃陀羅家生。乃至衆患所加人等。　若喻罵言汝似旃陀羅家生。乃至衆患所加人等。若自比罵言我非旃陀羅家生。乃至衆患所加人等。　若以善法面罵汝是阿蘭若。乞食。補納衣。乃至坐禪人。若喻罵汝似阿蘭若。乃至坐禪人。若自比罵我非阿蘭若。乃至坐禪人。根本律云毀呰

語者謂於他人爲毀事出言彰表也所以意和則悅口和不諍此皆違和非律語也

結罪是中犯者。若比丘種類毀呰語。若面罵。若喻罵。若自比罵。說而了了者。盡波逸提。說而不了了者。盡突吉羅。

若比丘說善法面罵人。喻罵。自比罵。說而了了不了了者。盡突吉羅。此戒具四緣方成本罪。一要有毀呰心。二所毀者須是比丘及他父母。三必以下賤言毀。四說聽了了。

兼制比丘尼波逸提。同制同學式叉摩那。沙彌。沙彌尼突吉羅。是爲犯。

隨開　不犯者。相利故說。爲法故說。爲律故說。爲教授故說。爲親厚故說。或戲笑故說。或因語次失口說。或獨說。或夢中說。或欲說此而誤說彼。及最初未制戒等。是爲不犯。

會採　僧祇律云。種類毀呰有七事。種姓。業。相貌。病。罪。罵。結使。今因時當末運人多鬪諍是故廣引僧祇詳明犯相莫厭其繁此中凡云偷蘭遮罪皆是獨頭下品與罵僧同科非初二篇從生也種姓有上中下。下者。汝是旃陀羅。毛師。織師。瓦師。皮師。若作此語使彼慚羞者。得波夜提。　若言汝父母如是。波夜提。　若言汝和尙阿闍黎如是得偷蘭遮。若言汝同友知識如是越毘尼罪。中者。汝等是中間種姓。謂非貴姓所生亦非下流之子作是語欲使彼慚羞者。得偷蘭遮。汝父母如是得偷蘭遮。汝二師如是越毘尼罪。汝同友知識如是越毘尼心悔。上者。語其人言汝是刹利婆羅門種作是語欲使彼慚羞者。越毘尼罪。汝父母二師如是種。皆越毘尼罪。汝同友知識如是種。越毘尼心悔。業者有下中上。下者。汝是屠兒賣猪人。魚獵人。捕鳥人。張羅人。守城人。魁膾人。作是語欲使彼慚羞者。波夜提。　汝父母如是。波夜提。　汝二師如是。偷蘭遮。　汝同友知識如是。越毘尼罪。　中者。汝是賣香人。坐店肆人。田作人。種菜人。通使人。作是語欲使彼慚羞者。偷蘭遮。　汝父母如是。偷蘭遮。　汝二師如是。越毘尼罪。　汝同友知識如是。越毘尼心悔。　上者。汝是金銀摩尼銅店肆人。作是語欲使彼慚羞者。越毘尼罪。　汝父母二師如是。越毘尼罪。　汝同友知識如是。越毘尼心悔。

相貌者。有下中上下者。汝是瞎眼。曲脊。距脚。鋸齒。等。作是語使彼慚羞者。波夜提。　汝父母如是。波夜提。　汝二師如是。偷蘭遮。　汝同友知識如是。越毘尼罪。　中者。汝是大黑。大白。大黃。大赤。作是語使彼慚羞者。偷蘭遮。　汝父母如是。偷蘭遮。　汝二師如是。越毘尼罪。　汝同友知識如是。越毘尼心悔。　上者。汝有三十二相。圓光金光。若作是語欲使彼慚羞者。越毘尼罪。　汝父母二師如是。皆得越毘尼罪。　同友知識如是。越毘尼心悔。

病者無有下中上一切病盡名下汝等癬疥癩病癰疽痔病黃病瘧病瘠瘦顛狂如是等種種病作是語欲使彼慚羞者波夜提汝父母如是波夜提汝二師如是偷蘭遮汝同友知識如是越毘尼罪

罪者無下中上一切罪盡名下汝犯波羅夷乃至越毘尼罪若作是語使彼慚羞者波夜提（此中言犯棄罪者是以輕心毀呰非同無根謗毀故不結重）汝父母如是波夜提汝二師如是得偷蘭遮同友知識如是越毘尼罪

罵者。無上中下。一切罵盡名下。作世間罵婬逸污穢一切惡罵。作是語欲使彼慚羞者。波逸提。若言汝父母如是。波夜提。汝二師如是。偷蘭遮。汝同友知識如是。皆得越毘尼罪。

結使者。無上中下。一切結使盡名下。汝是愚癡闇鈍無知等。作如是種種語使彼慚羞者。波夜提。汝父母如是。波夜提。汝二師如是。偷蘭遮。汝同友知識如是。越毘尼罪。

五分律云。比丘毀呰比丘比丘尼式叉摩那。沙彌。沙彌

尼。突吉羅　比丘尼毀呰比丘。波逸提。毀呰餘

三衆。突吉羅。

此戒大乘同制。若但毀呰無事謗他良人。即攝謗

毀戒結輕。若兼自讚。即攝自讚毀他戒結重。若增

上煩惱犯者。失菩薩戒。

第三兩舌戒。

若比丘兩舌語者。波逸提。

〔緣起〕佛在舍衛國。給孤獨園。爾時六羣比丘傳此

屏語向彼說。傳彼屏語向此說。如是不息。遂至衆

中未有鬬事而生鬬，已有鬬事而不滅。諸比丘知已，白佛結戒。此是性罪，由畜衆煩惱，制斯學處。乃初篇妄根本種類。

〔釋義〕律云兩舌者，比丘鬬亂比丘、比丘尼、式叉摩那、沙彌、沙彌尼、優婆塞、優婆夷、國王及大臣、外道異學沙門、婆羅門。如是乃至外道異學沙門、婆羅門，還鬬亂種種外道婆羅門、比丘比丘尼等。亂者，某甲說是言，汝是旃陀羅乃至婆羅墮種，販賣猪羊，乃至剃髮師。汝犯七聚戒，結使人，秃盲瞎等衆

病人。若有比丘破。皆是比丘鬬亂。准薩婆多論此戒亦名離間語所謂離間恩義挑唆鬬諍令衆不和妨修道業

〔結罪〕是中犯者。兩舌語說而了了者。波逸提。說不了了者。突吉羅。　此戒具四緣方成本罪。一有起事心。二往來傳語。三人是比丘。四說聽了了。

〔兼制〕比丘尼波逸提。同制同學式叉摩那。沙彌。沙彌尼突吉羅。是爲犯。

〔隨開〕不犯者。破惡知識惡伴黨。二人三人非法非律羯磨。破與僧與塔與和尚阿闍黎知識親友數

數語作無義無利者。及最初未制戒等。是爲不犯。

〔會採〕僧祇律云。若作是念欲別離彼令向已。若彼離不離。波夜提。

薩婆多論云。是中犯者有八種。一種。二伎。三作。四犯。五病。六相。七煩惱。八罵。此八事中種伎作三事傳向刹利婆羅門估客子。突吉羅。若以八事傳向四衆。突吉羅。四衆者謂尼及小三衆 傳向在家無師僧。若遣使書信。盡突吉羅。

根本律云。若苾芻先無釁隙偶爾聞之。或復聽已欲令鬪諍方便殄息者。無犯。

十誦律云。若白衣於寺中。欲作惡事侵惱比丘。應苦切語令其折伏。若不折伏。不應直向王言。先與是惡人知識。次語王夫人及王子大臣等。若是人捨便止。莫令得事。

此戒大乘同制。梵綱經云。鬪遘兩頭。謗欺賢人罪結輕垢。

第四與婦女同室宿戒

若比丘與婦女同室宿者。波逸提。

【緣起】佛在舍衛國。給孤獨園。阿那律從舍衛國向拘薩羅國。中路至無比邱住處村。聞知有一婬女家。常安止賓客。卽往寄宿門下時諸長者有行緣之便。亦來投宿。坐相逼近。婬女慇念尊者。令入舍內。尊者結加趺坐。繫念在前。婬女於初夜來求作夫。默然不答。亦不觀視。到後夜婬女復脫衣來前捉之。尊者湧身空中。婬女慚愧。著衣合掌懺悔至三。尊者下在本處。爲說微妙法。婬女得法眼淨。受三皈五戒爲優婆夷。次日尊者受其供養說法而去。到僧伽藍以此因緣向衆僧說。衆中有少欲比丘識嫌。白佛結戒。由女人事。婬染煩惱。制斯學處。乃初篇婬根本種類。

釋義律云女者。人女有知。命根不斷。室者四周牆壁障。上有覆蓋。或前敞而無壁。或雖覆而不徧。或覆徧而有開處。

結罪是中犯者。若比丘先宿婦女後至。或婦女先至。比丘後到。或二人俱至。若敧臥隨脇著地。波逸提。敧音溪不正也隨轉側波逸提。

若天龍夜叉鬼神女同室宿者。突吉羅。與畜生中女。能變化不能變化者同室宿。突吉羅。晝日婦女立。比丘臥者。突吉羅。此戒具三緣方成本罪。一是人女。二同室無隔。三脇臥地。

〔兼制〕比丘尼波逸提。同制同學式叉摩那。沙彌。沙彌尼突吉羅。是爲犯。

〔隨開〕不犯者。若比丘不知彼室內有婦女而宿。若比丘先至。而婦女後至。比丘不知。若屋有覆而無四邊障。或半障少障若盡障而無覆。或少覆半覆或露地。此室中若行若坐若頭眩倒地。或爲强力所捉。若爲人所縛若命難淨行難。及最初未制戒等。是爲不犯。

【會採】僧祇律云。一房有隔別戶無罪。異房無隔波夜提。　共房共隔波夜提。別房異戶無罪。　比丘室內。女人半身在屋內。越毘尼罪。　女人屋內。比丘半身在屋內。越毘尼罪。

律攝云。若女在閣上苾芻在下。或復翻此。若有梯除去。有戶牢閉。若不去梯應安關鑰。或雖同室。以物遮障使絕行路。若不爾者。明相出時。咸得墮罪。

小旁生女。不堪行婬者無犯。　若有父母夫主等守護者。同宿無犯。

五分律云。若同覆異隔。若大會說法。若母姊妹近親病患。有知男子自伴。不臥。皆不犯。

十誦律云。通夜坐不臥不犯。

此戒大乘同學。

第五與未受大戒三宿戒

若比丘與未受大戒人共宿。過二宿至三宿。波逸提。

〔緣起〕此戒有二制。佛在曠野城。六羣比丘與諸長者。共在講堂止宿。時六羣中有一人散心睡眠。無所覺知。轉側露形。有比丘以衣覆之。復更轉側露形。如是至三。長者譏嫌調弄。知足比丘慚愧白佛。此初結戒也。爾時佛在拘睒毘國。諸比丘言。佛不聽我曹與未受大戒共宿。當遣羅云出。時羅云無屋住。往厠止宿。世尊知之。詣厠引入自房共止一宿。明日清旦集僧。告諸比丘言。汝等無慈心乃驅出小兒。是佛子不護我意耶。故開其二宿。此第二結戒也。由眠宿事。不寂靜煩惱。制斯學處。

〔釋義〕文分二節。與未受大戒共宿。明其正制。過二宿下。結成所犯。律云未受大戒人者。除比丘比丘尼。餘未受大戒人是。此攝小三衆及白衣等 同室宿者。如上。

薩婆多論云若不聽二宿必有種種惱事及失命因緣以憐愍心故得共二宿以護佛法故不聽三宿

〔結罪〕是中犯不犯。悉同上。 此戒具四緣方成本罪。一彼是未受具人。二自身無病更無難緣。三共房至三宿。四明相未出不離。

〔兼制〕比丘尼波逸提。同制同學式叉摩那。沙彌。沙彌尼突吉羅。是爲犯。

〔會採〕僧祇律云。若與未受具人同屋宿第三宿。時當異房。若露地。露地風雨雪寒時。當還入房坐至地了。地了卽明相也若老病不堪坐者。當以縵障。若齊項若齊掖。縵下至地。當用緻物作。不得容猫子過。若道行時無帳縵者。若未受具人可信。應語言汝眠。我當坐。比丘欲眠時當喚使覺。我眠汝坐。若眠汝無福德。此同室宿戒。罪未悔過。後共宿者。罪轉增長悔過已當別房宿更得共宿。
薩婆多論云若共宿過二夜已第三夜更共餘人宿波逸提以前人相續故 若共宿二夜已移在餘處過一宿已還共同宿無過 若通夜坐無犯
律攝云至第三夜令出宿時不應遣出寺外及離簷前但可離自房勢分若恐惡苾芻為破戒緣者至第三夜應令求寂向善友房此若無者應共擯出罪惡苾芻或自將求寂餘處而臥若自安居已不得往者應生心念為防護故於三月中與求寂

同宿者無犯。

根本律云。若安居後有惡苾芻來入寺中。師主應與求寂同房宿。至夏終勿致疑惑。或夏罷已。能驅者可擯斥之。不可擯者。應將求寂別詣餘寺。如在行路。雖過二宿通夜應眠。勿生疑惑。

十誦律云。有病比丘使沙彌供給。雖卧無犯。是中有不病比丘不應卧。

根本目得迦云。不合與俗人。求寂授學人別住人等同坐。必有難緣無犯。

此戒大乘同學

附考律攝云。若有難緣無餘牀席。應疊七衣為四重而卧其上。以大衣疊安頭下。或用覆身。五衣以充內服。凡卧息時右脇著牀。兩足重累。身不動搖。作光明想安住正念。情無嬈惱衣服不亂。於睡知量念當早起。初夜後夜恆修善品。此是沙門睡息之法。若無病苦晝不應卧。若眠息時有人相惱。應向餘處。

第六與未受戒人共誦戒

若比丘與未受戒人共誦者。波逸提。

緣起佛在曠野城。六羣比丘與諸長者共在講堂誦佛經。語聲高大如婆羅門誦書。聲亂諸坐禪者。有知足比丘白佛結戒。由教授事。制斯學處。乃初篇妄根本種類。

釋義律云未受戒人者。除比丘比丘尼餘者是誦者。句義非句義字義非字義。句義者。與人同誦不前不後。諸惡莫作。衆善奉行。自淨其意。是諸佛教。非句義者。如一人說諸惡莫作未竟。第二人抄前言諸惡莫作。字義者。二人共誦不前不後。諸惡莫作。非字義者。如一人未稱諸。第二人抄前言諸。僧祇律云雖比丘尼受具戒亦不得教若授弟子經應教言待我誦斷汝當誦若不受語者不復得教 法者。佛所說聲聞所說仙人諸天所說佛印可之皆名為法。薩婆多論云為諸比丘結戒者為異外道故為與弟子差別故為分別言語令分了故為實義不貴音聲故

〔結罪〕是中犯者。與未受戒人共誦。若口授。若書授。了了波逸提。不了了突吉羅。

共天龍鬼子。及畜生能變化者。說而了了不了了

者。盡突吉羅。　若師不敎言。我說竟汝可說者。師突吉羅。　此戒具三緣方成本罪。一前人未近圓。二先不敎誨。三同誦高聲。

（兼制）比丘尼波逸提。同制同學式叉摩那。沙彌。沙彌尼突吉羅。是爲犯。

（隨開）不犯者我說竟汝說。一人誦竟一人書。若二人同業同誦。或疾疾說乃至錯說。及最初未制戒等。是爲不犯。

（會採）五分律云。若敎未受具戒人經。並誦波逸提。

並誦者。俱時誦。或授聲未絕彼已誦。或彼誦未竟此復授。句句波逸提。

十誦律云。若以不足句法教未受具戒人。若偈說。偈偈波逸提。以四句為一偈若經說。事事波逸提。謂法喻中一段之事若別句說。句句波逸提。別句謂四句偈中但說一句不足味不足句。亦如是。味句不足謂一句亦未全

律攝云。若語喫。若性急言。若同誦為正文句。若教授時先告彼言。汝勿與我同時而說。雖同無犯。

此戒大乘同學

〔引證〕戒因緣經云。若比丘向未受戒者。說一句戒法。波逸提。由六羣比丘向沙彌說毘尼語佛知故制

律攝云。若有俗人爲求過失。或偷法心。或無信敬。或是外道。以與律相應之說。令彼聽者。彼若聞時。皆得墮罪。

善見律云。若法師所撰文字。共同誦者不犯。准斯三律制意惟重毘尼蓋五篇之名是大僧法具沙彌等必不可令聞也

〔附考〕律攝云。有五種人不應爲說毘奈耶藏。謂性無所知强生異問。或不爲除疑而發於問。或試弄

故問。或惱他故問。或求過失故問。返上五人。爲說非犯。　其受法者。具三威儀爲敬故。不應眠授弟子之法。若老若少到彼師所。合掌鞠躬。方申請問四大安不。應生敬仰。直心無諂請決所疑。一心善領不令忘失。若無疑者。如常受法禮足而退。　若師出行隨後而去。若師坐者。自應蹲踞或處卑坐。其師亦應敬彼學徒勿生輕慢。虛心授與於法無悋。善領善答。有忍有悲。無懷恚悵。令受業者情無疲惱。常給侍者。應數教授。性愚鈍者。亦應偏教若作吟詠之聲而授法者，得惡作罪。若說法時，或為讚歎，於隱屏處作吟諷聲誦經，非犯。　不應讚誦外書典籍。若為降伏異道，自知有力，日作三時，兩分勝時應學佛法，一分下時應習外典，不應記年月以為三分。夜亦三時，初後習禪誦經，中間繫心寢息。若作婆羅門誦書節段音韻而讀誦者，得越法罪。若方言，若國法，隨時吟詠為唱導者，斯亦無犯。　苾芻尼律亦應習學，尼來請學，如法教示。若有疑問，善為開釋。　若講誦時忘其所在方處者，於六大城隨一應說。若忘國王並大地主。及鄔波斯迦名者。應隨意稱勝光大王。給孤獨長者。毘舍佉鄔波斯迦。　又苾芻住處。常月八日及十四日。至小食時鳴犍椎集大衆。設香華。聽經法。有外道來應設方便令彼出去。應請耆宿情存虔敬善威儀者。宣說聖言。不應求利以爲活命得惡作罪。若說非法。上座應遮。　又說法人。不應多領門徒以爲侍從。彼自遮行者無犯。遮者要也既至彼處。說法之師踞師子座。前置高案用承經典。嚴設香華。若不請輙爲人說。得越法罪。

第七說他麤罪戒

若比丘知他有麤惡罪。向未受大戒人說。除僧羯磨波逸提。

緣起　此戒有三制。佛在羅閱城。耆闍崛山中。時有行波利婆沙。摩那埵比丘在下行坐。六羣語諸白衣言。此等犯如是事。故僧罰使在下行坐。有過比丘聞之慚愧。彼樂學戒者。譏嫌六羣。往白世尊。此初結戒也。與結戒已。時諸比丘或不知麤惡不知不麤惡。或有作波逸提懺悔者。或有畏愼者。佛言不知不犯。此第二結戒也。爾時舍利弗爲衆所差。在王衆中及諸人民中說調達過。調達所作者。莫言是佛法僧。當知是調達所作。舍利弗聞制戒已。便生畏愼心。諸比丘白佛。佛言衆僧所差無犯。故有除僧羯磨之語。此第三結戒也。由未近圓事。不忍煩惱。制斯學處。乃初篇妄根本種類。

〔釋義〕文分二節。知他有下。明其所犯。除僧下。以顯開聽。律云未受戒者如前。麤惡罪者。波羅夷。僧伽婆尸沙。向未受大戒人說者。謂對彼陳說彰露前人所犯過也除僧羯磨者。僧謂同一羯磨同一說戒。除僧和集公差說罪不犯此法於作持中明

結罪是中犯者。若說了了者。波逸提。不了了者突吉羅。除麤惡罪。更以餘罪向未受大戒人說者。突吉羅。自犯麤惡罪向未受大戒人說。突吉羅。除比丘比丘尼。以餘人麤惡罪向未受大戒人說。突吉羅。餘人謂三小衆及在家受戒二衆也麤惡罪麤惡想。波逸提。麤惡罪疑。非麤惡麤惡罪想。非麤

惡疑。皆突吉羅。　此戒具七緣方成本罪。一要有故說心。二是麤罪作麤罪想。三他人先本不知作不知想。四非奉僧差。五犯者是受大戒人。六向未受戒者說。七說聽了了。

【兼制】比丘尼波逸提。(同制同學)式叉摩那。沙彌。沙彌尼。突吉羅。是爲犯。

【隨開】不犯者。若不知。若衆僧差。麤惡非麤惡想。若白衣先以聞此麤惡罪。及最初未制戒等。是爲不犯。

〔會採〕僧祇律云。比丘尼雖受具戒。亦不得向說。以比丘尊勝。恐尼輕慢之。佛慈護僧故。遮不向彼說

根本律云。若於不知俗家作不知想疑。向彼說他麤罪。得墮罪。　若於知俗家作不知想疑。向彼說者。得惡作。　無犯者。於不知俗家作先知想。若大衆詳說其事。或時人衆普悉聞知。猶如壁畫。人所共觀。非我獨知。說皆無過。人衆普悉聞知。謂所集僧衆。非指世俗未近圓人也

五分律云。教向甲說而向乙說。教說此罪而說彼

罪。皆波逸提。

十誦律云。若羯磨此比丘作說罪人。餘比丘說者。突吉羅。（此由未被僧差而受差者轉請彼說既越毘尼難免無過）若令向此人說此處說。向餘人餘處說者。突吉羅。

若僧作隨意。隨時隨處說罪。羯磨者無犯。（五分教向甲而向乙說以其心存損陷念無利益是故結重十誦令向此而向彼說皆由誤聽羯磨錯其趣向所以結輕）

薩婆多論云。與諸比丘結戒者。為大護佛法故。若向白衣說比丘罪惡。則前人於佛法中無敬信心。

盜破墖壞像。不向未受具戒人說比丘過惡。若說過罪。則破法身故。若說二篇罪名得波逸提。說罪事得惡作。罪事者卽隨犯婬盜等事

此戒大乘同制。梵網義疏云。說過者有兩。一陷沒心。欲令前人失名利等。二治罰心。欲令前人被繫縛等。此二心皆是業主。必犯重戒。若獎勸心說。及被差說罪。皆不犯。又犯七逆十重。前人失戒。失戒後說。但犯輕垢。

第八向外人說法戒

若比邱向未受戒人說過人法。言我見是我知是實者。波逸提。

〔緣起〕此戒起自婆裘園比邱。如初篇中廣說。於間異者。在虛實之別。故犯分重輕也。

律攝云。先所未得而今得之。以上人法向未近圓者說。因未近圓人似求名利。似有貪故。制斯學處。乃初篇妄根本種類。按戒因緣經原為向沙彌說故制

〔釋義〕律云人法者。人界人陰人入。上人法者。諸法出要。自言有念善思惟。有戒。有欲。有不放逸。有精

進。有定。有正定。有道。有修行。有智慧。有見。有得。有果。諸言有等如初篇內廣釋此中但云過人法而不言過天法者謂佛出於人間於人中結戒以人中有波羅提木叉戒故又人勝於天故以人能修習善法多證聖道諸天著樂不能勤修是以但言過人則其間已攝過天矣實者。謂自身眞實證得此法。

結罪是中犯者。若眞實有此事向未受大戒人說了了者。波逸提。 說不了了者。突吉羅。 若手印書。若作知相遣人。了了波逸提。 不了了突吉羅。 若向天龍鬼子及畜生能變化者。說了了不了了。盡突吉羅。 若向受大戒人非同意者說。突吉羅。　此戒具四緣方成本罪。一實有過人法。二有貪名利心。三向未受戒人說。四前人領解。

〔兼制〕比丘尼波逸提。同制　同學　式叉摩那。沙彌。沙彌尼突吉羅。是爲犯。

〔隨開〕不犯者。若增上慢。若自言是業報不言是修得若實得向同意比丘說。或戲說。獨語。夢中語。及最初未制戒等。是爲不犯。

〔會採〕薩婆多毘婆沙云。若實得四果乃至得不淨觀向他說。盡波逸提。　若爲名利故言我清淨持戒。實誦得三藏。及隨所誦經。隨所解義。隨能問答。向人說者。盡突吉羅。

僧祇律云。現阿羅漢相。越毘尼心悔。

五分律云。若受大戒人不問而向說。語語突吉羅。

不犯者。若泥洹時說。若受具戒。人問而後說。

律攝云。對俗人現神通。得惡作罪。不犯者。為顯聖教現希有事。或欲令彼所化有情心調伏故雖說無犯。

摩得勒伽云。向狂人。散亂心人。重病人說。突吉羅

此戒大乘同學

第九與女人過說法戒

若比邱與女人說法過五六語。除有知男子。波逸提。

〔緣起〕此戒有三制。佛在舍衛國。給孤獨園。迦留陀夷乞食詣長者家。在姑前與兒婦耳語說法。姑見生疑云。若說法者。當高聲說令我等聞。何乃耳中獨言耶。有乞食比邱聞知。訶責黑光。往白世尊。此初結戒也。時有諸女人請比邱說法。因佛制戒不敢爲說。故開聽說。不得過五六語。此第二結戒也諸比丘復有畏愼心。以無有知男子便休。不與女人說法。又加除有知男子之語。故有第三結戒也。此是遮罪。因說法事。譏嫌煩惱。制斯學處。乃初篇婬根本種類。

【釋義】律云五語者。色無我乃至識無我。六語者。眼無常。乃至意無常。律攝云五六相應所有言語名五六語過者謂應五過五至六應六過六至七有知男子者。解麤惡不麤惡事。僧祇律云若盲若聾若眠亦名無知男子有知男子者若減七歲若過七歲不解好惡語義味不名有知若七歲若過七歲解好惡義味是名有知

〔結罪〕是中犯者。若爲女人說法。過五六語。除有知男子。說而了了者。波逸提。　說不了了突吉羅。若天龍鬼女及畜生女能變化者。說過五六語。了了不了了。盡突吉羅。　此戒具四緣方成本罪。一必是在家非幼小人婦女。二無在家有知男伴。三說法過五六語。四言辭了了。

〔兼制〕比丘尼波逸提。同制同學式叉摩那。沙彌。沙彌尼突吉羅。是爲犯。

〔隨開〕不犯者。若五六語說。若有知男子前過五六語說。若無有知男子前授優婆夷五戒及說五戒法。授八關齋及說八關齋法。說八聖道法。說十善法。若女人問義。無有知男子應答。若不解者。得廣爲說。並最初未制戒等。是爲不犯。

〔會採〕五分律云。爲女人說五六語竟。語言法正齊此。從坐起去。更有因緣還復來坐。爲說不犯。若說五六語竟。更有女人來。爲後女人說。如是相續爲無量女人說皆不犯。　若自誦經女人來聽。若女人問義要使得解。過五六語皆不犯。

薩婆多論云。女謂能受婬欲者。若石女。若小女。未堪任作婬欲者。突吉羅。若說世間常事。突吉羅。若說布施福報咒願不犯。得爲尼說法。一切尼衆以敎誡故無過。

律攝云。或男無欲意。女有染心。或時翻此。皆得惡作。縱是聰敏。亦不應說。雖曰女人智同男子。由對此女無邪說。故亦不犯。

此戒大乘同學。護譏嫌故。必若不起譏嫌。方可隨機廣畧無犯。

第十掘地戒

若比丘自手掘地。若教人掘者。波逸提。

〔緣起〕此戒有二制。佛在曠野城。六羣比丘與佛修治講堂。周匝自掘地。諸長者見皆譏嫌。斷他命根。此初結戒也。六羣更教人掘地。言掘是置是。長者復譏嫌。此第二結戒也。此是遮罪。由作鄙業。妨廢正修。制斯學處。

〔釋義〕律云地者。已掘地。未掘地。若已掘地經四月。被雨漬還如本。十誦律云地有二種生地不生地多雨國土八月地生此謂驚蟄後立冬前也少雨國土四月地生此夏四月也除是名不生地　律攝云生地者謂未曾掘若曾經掘被天雨濕濕或餘水霑時經三月是名生地若無雨濕及水霑潤時經六月亦名生地異此非生　善見律云若地四分石一分土及被燒皆非生地

〔結罪〕是中犯者。若用鋤。或以钁斸。或以椎打。或鎌刀刺。乃至指爪掐傷地。打橛入地。地上然火。一切波逸提。　若不教言看是知是突吉羅。比邱法不得直言掘是置是此是淨語令淨人自知看所應掘所應置也　五分律云一一所須語淨人言汝知是若不解復語言汝看是若不解復語言與我是若不解復語言與我是　此戒具三緣方成本罪。一是生地。二無敬教心。三自掘教他。

〔兼制〕比丘尼。波逸提。同制同學式叉摩那。沙彌。沙彌尼突吉羅。是爲犯。

〔隨開〕不犯者。若語言知是看是。若曳材木曳竹。若籬倒地扶正。若反塼石。取牛屎。西域建壇及燒多。取用故取崩岸土。若取鼠壞土。若除經行處土。若除屋內土。若往來經行。若掃地。若杖築地。若不故掘。及最初未制戒等。是爲不犯。

〔會採〕僧祇律云。若河邊坎上。以脚蹋墮。蹋蹋波逸提。坎岸邊行土崩無罪。若營事比丘多有壒物僧物。欲藏地中。若在露處生地不得自掘。當使淨人知。若在覆處死地得自掘藏。 若地打栓。古橛字越毘尼罪。傷如蚊脚波逸提。拔栓亦爾。 若死土被雨已。比丘不得取。使淨人取。盡雨所洽際然後自取無罪。 掘地波逸提。半沙越毘尼罪。純沙無罪。 若土塊一人不勝破者。波逸提。破減一人重者無罪。 石薑石糞灰。准此應知。

十誦律云。若掘不生地。隨一一掘突吉羅。若掘生地。隨一一掘波逸提。 若掘泥處乃至沒膝處。隨一一掘突吉羅。　若手畫地乃至沒芥子。一一畫突吉羅。　若生金銀等鑛處。若雌黃赭土白墡處。生石處。黑石處。沙處。鹽處。掘者不犯。根本律云。若營作苾芻欲定基時。得好星候吉辰無有淨人。應自以橛釘地記疆界。深四指者無犯。五分律云。餘三衆無事掘地突吉羅。若取燥土不犯。准此應知三衆有事不禁下斷草木例斯亦爾

此戒大乘同學

第十一壞鬼神村戒

若比邱壞鬼神村。波逸提

〔緣起〕佛在曠野城。有一比邱修治屋舍。自手斫樹。佛知訶責。爲僧結戒。此是遮罪。因種子及鬼神村事。以譏嫌無悲煩惱。制斯學處。

〔釋義〕律云鬼者。非人是。婆沙論云鬼者畏也謂虛怯多畏故又威也能令人畏其威故神者能也大力者能移山塡海小力者能隱顯變化村者。一切諸草木是。若斫截墮。故名壞村。有五種。本律五種梵語未翻今准根本律云一根種。謂香附子菖蒲薑等。此物皆由根種乃生故二莖種。卽枝種也謂石榴楊柳菩提貝多蔔萄等樹。此等皆由莖生故三節種。謂苷蔗竹葦等。此等皆由節生故　四開種。謂蘭香橘柚等。此等諸子皆由開裂乃得生故　五子種。謂稻麥豆芥等。此等皆由子還生子故然斯五種鬼神託之棲止猶若人之依村落也故名鬼神村　戒因緣經云有神依樹根有神依樹枝有依樹皮裏有依樹皮裂中有依樹蓓蕾有依樹葉有依樹華有依樹果一切藥草樹木盡有神神所以依住者食其香故正法念處經云樹下住鬼者由見人種樹為施人作蔭惡心斫伐取材而用故墮樹中常被寒熱

〔結罪〕是中犯者。於五生種若生生想。自斷自炒自煮。教他斷炒煮。盡波逸提。　若生疑自斷炒煮教他斷炒煮。突吉羅。　生非生想。　非生生想。　非

生疑。盡突吉羅。

若生草木生草木想。自斷炒煮。教他斷炒煮。盡波逸提。　生草木疑。自斷乃至教他煮。突吉羅。　生草木非生草木想。　非生草木生草木想。　非生草木疑。盡突吉羅。

若釘橛著樹上。若以火燒著生草木上。若斷多分生草木。盡波逸提。　斷半乾半生草木。突吉羅。若不言看是知是。突吉羅。　此戒具四緣方成本罪。一知是生草木。二生草木作生草木想。三欲自壞或非淨語教他壞。四必斷已。

〔兼制〕比邱尼波逸提。同制同學式叉摩那。沙彌。沙彌尼突吉羅是為犯。

〔隨開〕不犯者。言看是知是。若斷枯乾草木。若於生草木上曳材曳竹。正籬障。若撥壍塼石。若取牛屎。若生草覆道以杖披遮令開。若以瓦石柱之而斷傷草木。若除經行地土。若掃經行來徃處地誤撥斷生草木。及最初未制戒等。是為不犯。

〔會採〕第三分云。不應不淨果便食。應作五種淨法食。一火淨。（乃至以火一觸）二刀淨。（以刀損壞）三瘡淨。（果上自有壞處）四鳥啄淨。（鳥曾啄傷）五不中種淨。（不任爲種或未成熟）是中初後兩種淨已都食。餘三種淨應去子食。復有五種淨法。若皮剝。（剝去少皮）若剝皮。（皮盡剝去）若腐。（爛壞）若破。（劈裂）若瘀燥。（自蔫乾）不應噉不淨果菜。不應自作淨。不應自手捉令人作淨。應置地使人作淨。作淨已不應不受而食。

律攝云。若蒲桃瓜果總爲一聚。於三四處以火拄之。（拄音主刺傷也）此便爲淨。若刀瓜一一皆須別淨。若自將刀等作淨者。食時無犯。　淨時波逸提。
五分律云。若食根種亦應五種淨。謂剝。截。破。洗。火。
若食莖葉應三種淨。謂刀。火。洗。若作淨時應作總
淨。於一聚一器中。若淨一名爲總淨。　餘三衆無
故殺生草木。突吉羅。　若爲火燒若折。若斫。知必
不生不犯。　若比丘住處庭中。生草聽使淨人知。
知乃令彼自知除去
僧祇律云。有國土作穀聚畏非人偷。以灰火燒上
作識。此即爲淨。　若摩摩帝有倉穀未淨。畏年少

比邱不知法。使淨人火淨。至倉穀盡。比邱恆得語言春去不犯。 若拾乾牛屎合生草者波逸提。摩得勒伽云。以灰土沙覆生草。突吉羅。 若語餘人言取是果我欲食。突吉羅。 生果未淨全咽。突吉羅。全咽謂口含也 咬破波逸提。 取木耳突吉羅。 打熟果落。突吉羅。 打生果落。波逸提。

善見律云。若火淨已後生芽。生芽處便淨。非生芽處得食 若須華果。得攀樹枝下使淨人取不犯不得令枝折。 若樹高淨人不及。比邱得抱淨人取之不犯。　若木倒笮比丘而不死。雖手中有刀斧等盜守死。不斫木掘土以脫自命。何以故掘土斫木得墮罪。智慧人盜守戒而死。不犯戒而生。若樹押人比丘得斫樹掘地以救其命不犯。須知為己遵制勿犯運悲救生聽開全同大乘教意　若人放火燒寺。為護住處得剗草掘土。以斷火不犯。根本律云。若於生草及青苔地經行之時。起念令草損壞者。隨所損壞波逸提。　若但作經行心者。無犯。　若拔地菌。突吉羅。

薩婆多論云。有三戒大利益佛法。一不得擔。二不殺草木。三不掘地。若不制三戒。國王當使比丘種種作役。有此三戒。國王息心。三衆是淨人故不犯。

本律並諸部式叉尼沙彌沙彌尼皆犯惡作者是制彼等隨律威儀也今云不犯者正明別開非類大僧也

此戒大乘同學

〔引證〕根本雜事云。得叉尸羅國。有醫羅鉢龍王。化身爲摩納婆形持滿篋金徧遊諸處說偈問言。何處王爲上。於染而染著無染而有染。何者是愚夫。

何處愚者憂何處智者喜誰和合別離說名爲安樂若有解者卽以金篋供養然無有人能解釋者漸行至婆羅尼斯國復如是唱有人報言有上智人住阿蘭若名那剌陀當解斯義未幾那剌陀至龍王以偈問彼聞記憶告言十二年後當爲汝釋龍言太長太久漸求減至七日時那剌陀卽往告五苾芻苾芻答言汝可問佛卽詣鹿林禮佛足而坐佛爲說法證預流果願求出家佛言先爲摩納婆解釋頌義然後出家應如是答第六王爲上染

處卽生著。無染而起染。說此是愚夫愚者於此憂
智者於此喜。愛處能別離。此則名安樂。彼若不解。
更爲說頌。若人聞妙語。解已修勝定。若聞不了義
彼人由放逸彼若更疑。汝可對彼以爪截葉。若問
世尊出世。報言已出。若問何處。報言在施鹿林。時
摩剌陀受佛敎已。至彼龍所具答如上。彼龍化作
金轉輪聖王往世尊所。佛言汝愚癡人。於迦攝波
佛時。受佛禁戒不能護持。感此下劣長壽龍身。今
者何故還起詐心。汝今可復本形。龍言世尊我是

龍身。多諸怨惡恐有衆生共相損害。佛敕金剛手為之守護。龍王別至一處。遂復本形。身有七頭。頭尾相去有二百驛。謂二百由旬也一一頭上各生一醫羅大樹。被風搖動。膿血皆流。霑污形骸臭穢可惡。常有蠅蛆諸蟲。徧其身上。晝夜唼食。是時龍王即以本身詣世尊所。禮足却住。白言惟願世尊為我授記。當於何日捨此龍身。佛言當來人壽八萬歲時。有佛出世。號曰慈氏。為汝授記。當免龍身。龍王悲哭諸頭眼中一時淚出。成十四河駛流驚注。佛令裁止勿致損國。龍禮佛足。忽然不現。大衆問其往因。佛言迦攝佛時。此龍於佛法中出家修行。善閒三藏。具習定門。經行醫羅樹下以自策勵。樹葉打頭。即便忍受。後時繫心疲倦。從定而起策念經行。葉還打頭極痛。發瞋恚心。以兩手折其樹葉投地。作如是語。迦攝波佛無情物上見何過咎。而制學處令受斯苦。彼猛毒瞋心毀戒。命終墮此龍中。

附考　根本律云。凡授事苾芻爲營作故。將伐樹時。於七八日前在彼樹下。設諸祭食。誦三啟經。（謂三誦也）

耆宿苾芻應爲咒願。說十善道讚歎善業。復應告言。若於此樹舊住天神應別求居止。此樹今爲三寶有所營作。過七八日已。當使淨人斬伐之。若伐樹時有異相現者。應爲讚歎施捨功德。說慳貪過。若仍現異相則不應伐。若無別相應可伐之。要令淨人知非自伐也

毘尼止持會集卷第八 終

音義

象力比丘 或名象首又名法手舍夷國有象首聚落彼因稱名也是釋種子雜阿含經佛

記云此人犯三種非法所謂慳貪愚癡瞋恚當墮於地獄中偈云　若生不善心成就貪瞋癡此身自作惡還復害於已如芭蕉生實自害於其身若無貪瞋癡是名為智慧不害於已身是名勝丈夫是以應除斷貪瞋癡大患

噎　音帝鼻塞噴噎也西域凡僧俗禮敬時若噎皆願言長壽無病如此方小兒若噎僉願言百歲

毀呰　口毀曰呰根本律云毀呰語者謂於他人為毀辱事

皮韋作　柔皮熟曰韋生皮曰革作乃卑使也

躄跛　躄上音碧兩足俱廢曰躄一足偏廢曰跛

距脚　距音匡距躟行步急卒貌

阿蘭若　亦名阿練若翻云遠離處又云閒靜處又云空寂處

魁膾　亦云旃陀羅又云旃茶羅應法師言此翻云嚴幟一云主殺人乃西方屠殺之輩以惡業自嚴行時搖鈴執竹以為標幟故以為名若不爾者王必罪之或翻可畏法顯傳云名為惡人與人別居若入城市則擊竹以自異人則識而避之不相搪揬

六大城　佛生迦羅衛成道摩竭提

說法波羅柰入滅俱尸羅並王舍城毘耶離城此六城乃西域十六大國之首

五戒法

初佛爲提謂等在家弟子受三皈已即授五戒爲優婆塞優婆夷若在家弟子破此五戒則非清淨士女故經云五戒者天下大禁忌若犯五戒在天則違五星在地則違五嶽在方則違五帝在身則違五臟如是等世間違犯無量若約出世犯一五戒者則破五分法身一切佛法何以故五戒是一切大小乘尸羅根本若犯五戒則不得更受大小乘戒者若能堅持即是五大施此五通名戒者以防止爲義能防惡律儀無作之非能止三業所起之惡故通名防止

八關戒法

諸經論中或名八關齋戒或名八關戒或名八戒齋又名八種長養功德法如是名雖不一而戒則同也謂以前八法名爲關戒關謂閉八惡不起諸過後一不非時食名之爲齋齋以齊中爲義即是禁止八惡而令修中道故也

十善法

能反殺盜邪婬妄語兩舌惡口綺語貪欲瞋恚邪見十不善法即名

十善法或名十善道　天台云十善有二種一止二行止則但止前惡不惱於他行則修行勝德利樂一切此二通稱善者善以順利爲義息倒歸眞日順理止則息於重倒之惡行則漸歸勝道之善故止作二種皆名日善或以加道名以能通至樂果也

鋤音祖與鉏同去穢助苗也又誅也斫也

钁匡入聲大鉏也

剅音卓削也

鎌音廉鉤刀亦名楔子

掐苦洽切爪刺也

赭音者赤土

墡音善白土

柚音右小者爲橘大者爲柚

蓓蕾上音倍下音壘謂始花也

笮音責壓也

剗音產削平也

菌音郡蕈之小者

得叉尸羅國未見翻譯

醫羅鉢龍王亦云醫羅鉢羅醫羅樹名此翻云臭氣鉢羅此翻云極由此龍王往昔損此樹葉故致頭上生此臭極之樹也

摩納婆此翻儒童

篋音怯箱篋也

婆羅尼斯國舊云波羅柰河名也去河不遠造立王城或翻爲江遶城

那剌陀未見翻譯

駛音使又去聲馬

行疾也五苾芻即憍陳如等五人也

國家圖書館出版品預行編目資料

毗尼止持會集／讀體大師著. -- 初版. -- 新北市：
華夏出版有限公司, 2023.08
冊； 公分. --（圓明書房；013-014）
ISBN 978-626-7296-04-2（上冊：平裝）. --
ISBN 978-626-7296-05-9（下冊：平裝）
1.CST：律藏

223 112002488

圓明書房 013
毗尼止持會集（上）

著　　作　讀體大師
印　　刷　百通科技股份有限公司
　　　　　電話：02-86926066　傳真：02-86926016
出　　版　華夏出版有限公司
　　　　　220 新北市板橋區縣民大道 3 段 93 巷 30 弄 25 號 1 樓
　　　　　電話：02-32343788　傳真：02-22234544
E-mail：　pftwsdom@ms7.hinet.net
總 經 銷　貿騰發賣股份有限公司
　　　　　新北市 235 中和區立德街 136 號 6 樓
　　　　　電話：02-82275988　傳真：02-82275989
　　　　　網址：www.namode.com
版　　次　2023 年 8 月初版一刷
特　　價　新臺幣 950 元（缺頁或破損的書，請寄回更換）

ISBN-13：978-626-7296-04-2